NAJAT

NAOUIA
7/1652
7/2015
JANATE

NAJAT KAANACHE

NAJAT

80 BUNTE REZEPTE AUS DEM MAGISCHEN MAROKKO

CHRISTIAN

INHALT

NAJAT UND IHRE KULINARISCHE REISE 8

KRÄUTER & GEWÜRZE 18

ZITRONEN 24

EINLEGEN & FERMENTIEREN 28

MILCHPRODUKTE 48

NUR — DAS RESTAURANT 58

BROT 62

SALATE 80

SUPPEN 92

FISCH 118

FLEISCH 192

PILZE UND GEMÜSE AUS DEN BERGEN 204

GEMÜSE & BEILAGEN 236

DESSERTS & SÜSSES 262

REGISTER 298

NAJAT UND IHRE KULINARISCHE REISE

Meine Leidenschaft fürs Kochen hat mich über die ganze Welt geführt; von der Küche meiner Großmutter bis in die allerbesten internationalen Sterne-Restaurants. Auf dieser Reise voller Aromen und Erfahrungen gab es unterwegs immer viel zu lernen … und zu probieren.

Ich wuchs zwischen zwei Kulturen auf: der des spanischen Baskenlands und des Flachlands Nordmarokkos. Meine Eltern stammen beide aus Dörfern im Atlas-Gebirge, etwa zwei Stunden Autofahrt von Fez. 1975 zogen sie von Marokko nach San Sebastian im spanischen Baskenland, weil sie dort Arbeit fanden. Ich selbst kam in San Sebastian zur Welt und verbrachte dort auch meine Kindheit. Lange Zeit waren wir in unserer baskischen Nachbarschaft, in der kaum jemand Spanisch sprach, die einzigen Marokkaner. Wenn meine Mutter Couscous zubereitete, bekamen alle Nachbarn etwas davon ab. Auch von den Blumen, die sie pflückte, ging immer ein Großteil an die Nachbarschaft. Warum machst du das, wollte ich als kleines Mädchen von ihr wissen. »Wir sind Fremde«, sagte meine Mutter. »Wir müssen unser Bestes geben.«

Wenn ich von der Schule kam und mir auf der Straße schon der Duft von Kreuzkümmel in die Nase stieg, dann wusste ich: Ich bin fast zu Hause. In diesem traditionellen baskischen Viertel war meine Mutter die Einzige, die Kreuzkümmel verwendete. Von klein auf musste ich beim Kochen helfen. Jetzt, da ich mehr über die marokkanische Kultur weiß, wird mir bewusst, dass ich damals darauf vorbereitet wurde, später für meinen Mann und meine Kinder zu kochen. Wir aßen einfach: viel Gemüse, Hülsenfrüchte und Fisch, wichtige Vitamin- und Mineralstoffquellen. Wie klug! An einem Tag Linsen, am anderen Tag Erbsen, am darauffolgenden Tag Rote Bete. Jeden Tag gab es etwas anderes, aber selten oder nie Fleisch. Das war für uns zu teuer. Freitags, wenn die Fischer von einer Woche auf See zurückkehrten, kam meine Mutter mit einer großen Tasche voll mit frischen Sardellen, Kalmaren und Tintenfischen zurück.

Wir aßen andere Speisen als meine spanischen Schulfreundinnen. Bei ihnen gab es nachmittags ein Brot mit Nutella, ich aß Brot mit Linsen. Inzwischen ist mir bewusst geworden, dass unser schlichter Lebensstil eigentlich viel natürlicher und gesünder war. Wir aßen, was die Jahreszeiten uns boten, machten auf natürliche Weise Gemüse und Obst haltbar, um sie später im Jahr zu genießen. Unser Essen wurde ehrlich zu Hause zubereitet. Wir lebten gemäß dem erprobten und traditionellen Wissen, das von Generation zu Generation weitergegeben wurde.

Jeden Sommer verbrachten wir drei Monate bei der Familie in Marokko, ein ziemliches Unterfangen. Wir luden unser Auto voll mit Sachen, die wir brauchten oder die in Marokko nur schwer zu bekommen waren, wie etwa Kaffee, Baby-Milchpulver, Medikamente und Kleidung, und waren dann drei Tage lang unterwegs. Ich konnte es förmlich riechen, wann wir Marokko erreichten: dieser typische Geruch von Minze, Orange, die von den Männern entfachten Holzfeuer und das darauf gebratene Fleisch. In der ersten Nacht übernachteten wir immer in Tétouan, wo wir uns eine Tajine mit weißen Bohnen und Hähnchen teilten. Am nächsten Tag fuhren wir bis Fez und verbrachten dort einige Tage. Den Aufenthalt erlebte ich als Explosion von Farben, Aromen, Menschen und Verkehr. An den Bäumen wuchsen Orangen und man sah Männer mit großen Ledertaschen, aus denen sie Becher mit Wasser füllten. Ich konnte mich nicht sattsehen. Und anschließend fuhren wir weiter bis in die Berge.

Die Erinnerungen sitzen tief in meinem Herzen.

Wenn ich bei meinen Großeltern ein Ei essen wollte, musste ich warten, bis ein Huhn eines gelegt hatte. Das kochte meine Oma für mich und bestreute es mit Salz und Kreuzkümmel. Selbst das teuerste Ei der Welt kann mir diesen Geschmack nicht zurückbringen. Das Wasser wurde damals wie heute aus dem Brunnen geholt. Morgens in aller Frühe wurde Feuer gemacht, Brot gebacken und Kaffee gekocht. Mit dem Kaffeebecher in der Hand lief man zur Kuh und hielt sie für einen Schuss Milch unter den Euter. Ich sehe noch die dampfende Milch vor mir, die sich im Becher kringelte. Das Brot tunkten wir in etwas Olivenöl. Ich habe seitdem in den weltbesten Restaurants gearbeitet, aber noch immer esse ich mein Brot am liebsten auf diese Art.

Im Sommer war meine Familie immer viel beschäftigt. Die Ernte stand bevor und alles musste verarbeitet werden, damit man auch im Winter noch davon genießen konnte. Es machte mir Spaß, mitzuhelfen. Der Weizen musste eingefahren werden für das Brot des kommenden Jahres. Meine Großmutter hatte einen großen Stein, auf dem sie den Weizen mahlte – das war eine schwere Arbeit! Doch so hatte sie das beste Mehl, mit all den nötigen Ballaststoffen für eine gute Verdauung. Die Oliven wurden geerntet und zu Olivenöl gepresst. Die erste Pressung lieferte das köstlichste Öl. Mein Großvater besaß Granatapfelbäume und so mussten auch die Granatäpfel gepflückt werden. Zwischen den Bäumen wuchsen Weinstöcke, da sonst kein Platz für sie war. Wir Kinder pflückten die Trauben und nahmen sie mit zum Brunnen, um sie dort zu waschen, und aßen uns daran satt.

Und dann war der Sommer plötzlich vorüber. Das Auto wurde mit Blumen, Kräutern, Gewürzen, Walnüssen und Mandeln beladen, genug für ein ganzes Jahr in Spanien, und wir machten uns auf den Weg zurück nach San Sebastian.

Die Erinnerungen sitzen tief in meinem Herzen. Und darauf habe ich meine Küche aufgebaut.

Meine Karriere als Köchin begann wundersamerweise in den Niederlanden. Durch Zufall landete ich in Den Haag, um dort unweit des königlichen Palasts Noordeinde auf das Haus einer Freundin aufzupassen. Ich hatte hart für eine

Karriere am Theater gearbeitet, aber das schien nicht meine wahre Bestimmung zu sein. Als ich nach Den Haag kam, war alles offen.

Es gefiel mir gut in den Niederlanden und ich wollte gern bleiben, doch wie sollte ich meinen Lebensunterhalt bestreiten? In Den Haag kam ich regelmäßig an kleinen Galerien in meinem Viertel vorbei. Spontan bot ich ihnen an, für ihre Vernissagen kleine Häppchen zuzubereiten. So fing alles mit einem Tablett Pintxos an, woraus schnell mehrere Tabletts wurden. Die Leute waren von meinen baskisch-marokkanischen Häppchen begeistert. Ich zog nach Rotterdam, weil ich mir dort eine Küche leisten konnte, und eröffnete einen Catering-Betrieb. Ich hatte Erfolg und war glücklich. Ich erkannte, dass das Kochen im Gegensatz zum Schauspielern direkt aus meinem Herzen kam. Da ich richtig kochen lernen wollte, entschloss ich mich, in Restaurantküchen zu arbeiten. Ich begann zunächst in kleinen Lokalen und wurde schließlich Chefköchin im Rotwon, einem großen Rotterdamer Club. Als ich hörte, dass François Geurds, der jahrelang als Koch im Fat Duck, dem berühmten Restaurant des Briten Heston Blumenthal gearbeitet hatte, in Rotterdam ein eigenes Restaurant eröffnete, ging ich sofort zu ihm. »Warum möchten Sie so gern bei mir arbeiten?«, wollte er wissen. »Weil ich die Beste werden will«, antwortete ich. So ist das bei mir: Ich will in allem, was ich tue, die Beste sein. Für weniger bin ich nicht zu haben.

François Geurds stellte mich ein und dafür werde ich ihm ewig dankbar sein. Ich habe viel von ihm lernen können. Doch nach einem Jahr zog es mich weiter. Ich erkannte, dass mir niemand auf dem Niveau, auf dem ich arbeiten wollte, eine Stelle anbieten würde. Da hatte ich eine geniale Idee, auch wenn ich das über mich sagen muss: Ich schrieb den Küchenchefs der 49 berühmtesten Restaurants der Welt und bot ihnen meine Dienste an. Es waren reine Bittbriefe: Ich sagte, dass ich alles tun wollte, wenn ich nur bei ihnen in der Küche stehen und von ihnen lernen konnte, um meine Kochkünste zu verbessern. Innerhalb von drei Tagen hatte ich 27 Antworten. 27! Ich glaube an die Macht des Universums. Wenn man um etwas bittet, bekommt man es. Aber diese Reaktion überraschte selbst mich. Ich sah mir die Küchenchefs, die reagiert hatten, genauer an. Ich öffnete meine Seele, um zu sehen, wo unsere Schnittmengen lagen. Und so begann meine Grand Tour durch die Sternerestaurants.

*Ich hatte nur ein Ziel:
noch mehr zu lernen.*

Der Erste, bei dem ich begann, war Grant Achatz, Küchenchef des Restaurants Alinea in Chicago, das damals drei Michelin-Sterne hatte. Ich war beeindruckt von der Küche: die Präzision, die Organisation, die Liebe, die Leidenschaft. Es wurde wirklich alles getan, um es den Gästen, die ihre Seele mitbringen, um dort zu essen, recht zu machen. Ich lernte, dass man deshalb auch in der Küche seine Seele einbringen muss. Von Achatz lernte ich, dass nichts unmöglich ist. Du musst wie ein Schmetterling sein und allen Ballast, der dich hemmt, einfach abwerfen, um die Arbeit tun zu können. Bei René Redzepi, bei dem ich anschließend in der Küche des norma in Kopenhagen arbeitete, dem Restaurant, das durch das *Restaurant Magazin* viermal zum weltbesten Restaurant gekürt wurde, lernte ich mit dem zu kochen, was regional angeboten wird. Das wertzuschätzen, was es gibt. Ich reiste weiter zum The French Laundry in Napa, Kaliforniern, wo ich ein halbes Jahr arbeitete. Dort schwang Thomas Keller das Küchenzepter. Er brachte mir bei, dass man durch den Respekt für das Essen sich selbst Respekt erweist.

Es erforderte schon etwas Organisation, um diese Praktika jedes Mal zu regeln, denn ich bekam von den Restaurants keinen Lohn. Ich war dort, um zu lernen. Höchstens meine Reisekosten wurden erstattet. Doch das Wichtigste war: Ich sah nie ein Hindernis. Und wenn sich mir eines in den Weg stellte, dann suchte ich nach einer Lösung. Mit dieser Einstellung kommt man ziemlich weit. Meine Grenzen entstehen im Kopf. Vor meiner Abreise stellte ich immer bei Facebook einen Aufruf ein und erzählte, dass ich in einem Sternerestaurant arbeiten würde und noch eine Unterkunft suchte: bei Leuten zu Hause, auf dem Sofa, auf der Gartenbank, alles war okay. Ich war doch die meiste Zeit nicht da. Ich arbeitete Tag und Nacht. Es gab zum Glück immer Foodies, die mir ein Bett anboten. Es gibt so viele Menschen, denen ich für ihre Hilfe dankbar bin.

Während ich 2010 im The French Laundry arbeitete, erhielt ich eine E-Mail von der rechten Hand von Ferran Adrià, Chefkoch im legendären Restaurant elBulli: »Ferran meint, dass Sie in den nächsten drei Jahren bei ihm arbeiten können. Haben Sie Interesse?« Ich stieß einen Freudenschrei aus und schrieb direkt zurück: Wenn Sie wollen, komme ich für die nächsten zehn Jahre! Ferran Adrià hatte zu meinem großen Bedauern seinerzeit nicht auf meinen Bittbrief reagiert. Aber damit hatte ich mich nicht zufriedengegeben. Ich hatte das Restaurant seitdem jede Woche mindestens einmal angerufen, um zu fragen, ob sie eine Stelle für mich hatten. Nein, keine Stelle, war immer die Antwort gewesen. Und dann rief ich einfach in der kommenden Woche wieder an. Wenn man besser werden will, Höheres vor Augen hat, kann man Schläge einstecken, ohne sie zu spüren. Es ist reines Adrenalin. So bin ich gestrickt. Ich hatte nur ein Ziel: noch mehr zu lernen.

Nach einem weiteren Praktikum bei Per se in New York kam ich schließlich im spanischen Girona an. Dort fand ich einen Schlafplatz in den Bergen, zwei Stunden zu Fuß vom elBulli. Alle fuhren mit dem Auto zur Arbeit, aber ich zog es vor zu laufen. Ich wollte draußen sein, denn wenn man erst einmal drinnen war, kam man so schnell nicht wieder heraus. In der Küche eines Sternerestaurants arbeitet man extrem lange Tage. Die Küche hatte sieben Abteilungen und ich konnte einen Platz in der Konditorei ergattern. Ich lernte schnell und arbeitete hart. Ich redete damals in der Küche nicht viel, ich sah vor allem den Küchenchefs bei ihrer Arbeit zu. Wenn man wirklich gut werden will, muss man von den Besten ihres Fachs lernen. Nach der Arbeit gingen viele meiner Kollegen feiern, aber ich lief meist direkt nach Hause. Wenn man am nächsten Morgen wieder um halb sechs aufstehen muss, dann sollte man es nicht zu spät werden lassen. Ich nahm meine Arbeit ernst: Ich trank nicht, ich rauchte nicht. Man hat im Leben nicht unendlich Zeit und ich entschied mich damals dafür, die Zeit meiner Arbeit zu widmen. Dafür gab ich alles.

Aber ich war noch nicht da, wo ich hinwollte. Nach der Konditorei begann der Kampf, um in die warme Küche zu kommen. Das war dort unmöglich: Man wechselte nicht von der Konditorei in die warme Küche. Aber warum eigent-

lich nicht? Ich liebe es, Regeln zu durchbrechen oder sie zumindest zur Diskussion zu stellen. Die warme Küche war mein nächstes Ziel. Jeden Tag sagte ich zum Universum: Morgen will ich in der warmen Küche stehen. In der warmen Küche standen bereits jede Menge junge Leute wie ich, doch die meisten von ihnen kamen aus guten Familien. Leute, die es sich erlauben konnten, umsonst im elBulli zu arbeiten. Das war nicht mein Leben. Ich war zudem die einzige Marokkanerin in dieser Gruppe. Aber: Morgen stehe ich in der warmen Küche. Und dann kam ich eines Tages in die Küche und mein Chef sagte zu mir: Najat, du musst in die warme Küche.« Ich konnte meinen Ohren nicht glauben: Niemand konnte es glauben. Durch meine harte Arbeit war mein Wunsch in Erfüllung gegangen.

In der warmen Küche war ich umgeben von 49 Männern und drei Frauen. 52 Löwen, könnte man sagen. Ich musste ganz unten beginnen. Es war etwas sehr Außergewöhnliches passiert: Ich war von einer Küche zur anderen gewechselt, etwas, was bisher noch nie vorgekommen war. Und dann war es auch noch einer Frau passiert. Es kam mir zugute, dass ich in Küchen gearbeitet hatte, von denen meine Kollegen nur hatten träumen können. Damit prahlte ich nicht, aber es war bekannt. Doch sie ließen mich spüren, dass ich in der warmen Küche des elBulli ganz unten anfing. Jede Viertelstunde erhielt ich eine neue unangenehme Aufgabe zugeteilt. »Najat, feg den Boden.« Als die Einkäufe aus Barcelona mit riesigen Melonen eintrafen, hieß es: »Najat! Trag die Melonen herein!« Kein Problem, sagte ich. Treppauf, treppab, jedes Mal eine Melone, so groß waren sie. Wartet nur ab, dachte ich mit, in 25 Jahren werden wir sehen, wo ihr seid und wo ich dann stehe. So hielt ich durch.

Ferran Adrià sah und hörte alles. Aber er wusste: Jeder musste da durch. Mein Traum von Tag 1 an war: Kreativ sein. Neben Ferran Adrià und Oriol Castro stehen und von ihnen lernen. Aber das wollten alle in der Küche. Das höchste der Gefühle war, ein Gericht zuzubereiten und es Ferran vorzusetzen, damit er es probieren konnte. Das wollte ich damals am allerliebsten. Und dann, nach vielen Tagen Bodenfegen und Melonenschleppen war es so weit: Ich servierte Ferran ein Gericht, das ich zubereitet hatte, und sah ihn an. Bei Ferran wusste man immer gleich, was er davon hielt. Es war gut.

Was habe ich nicht alles von Ferran gelernt? Er ist supernett, er erkennt ein Talent, er versteht Menschen wie mich, für die das Kochen mehr als ein

Beruf ist. Wir stehen noch immer in Kontakt und das ist mir wichtig, denn Ferran hat meine ersten Schritte erlebt, er hat mich am Boden gesehen. Und er hat auch meinen Aufstieg beobachtet.

Ich bleib zwei Jahre im elBulli, Ferran Adrià gab mir die Chance, ich selbst zu werden. Auch in dem Hinblick war er inspirierend: Er war er selbst. Auch dank Ferran akzeptiere ich mich heute, so wie ich bin. Sie mögen meine Energie nervig und großmäulig finden, aber ich weiß, wie es in meinem Inneren aussieht. Ich selbst bin meine strengste Kritikerin. Meine Träume, meine Arbeit, mein Wunsch, mich selbst immer wieder an meine Grenzen zu bringen, treiben mich an. Ich bin mehr als eine Küchenchefin. Ich möchte der Welt etwas bedeuten.

Jedes Mal stand ich wie Rocky Balboa wieder auf.

Nach meinen Lehrjahren in den Sternerestaurants habe ich verschiedene Dinge getan. Ich hatte Restaurants in Amerika, manchmal ging es gut, manchmal nicht, aber jedes Mal stand ich wie Rocky Balboa wieder auf. Meine Geschichte ist keine Aneinanderreihung von Erfolgen, aber ich habe immer hart gearbeitet. Ich habe viele großartige Menschen kennengelernt, ich habe in wunderschönen Ländern gewohnt, ich konnte wählen, wo ich gern leben wollte. Ich besitze die spanische Staatsangehörigkeit, ich kann also gehen und stehen, wo ich will. Aber die Macht des Universums führte mich zurück in das Land meiner Vorfahren. Niemand hat mich dazu gezwungen. Es war meine eigene Entscheidung. In Marokko konnte ich meinen Traum verwirklichen und bin glücklich. Ich lebe nicht mehr zwischen den vielen Kulturen, ich bin die, die ich bin: Najat Kaanache. Als starke Frau in der marokkanischen Kultur habe ich es nicht einfach. Aber ich habe keine Angst, ich kämpfe für meine Rechte, ich bin nicht zu bändigen. Selbst in einem Land, in dem Frauen nicht viel zu sagen haben, bin ich frei.

Es begann mit meinen Träumen. Ich hatte große Träume.

STIMMEN ZUR SPITZENKÖCHIN NAJAT KAANACHE

»Wenn Ihnen bei Najat Buchs nicht das Wasser im Munde zusammenläuft, dann weiß ich es auch nicht.«

PAULA WOLFERT,
Autorin von u. a. *The Food of Morocco* und Gewinnerin der James-Beard-Foundation-Medaille

»Dank der Sprache der Küche steht Najat Kaanache stellvertretend für die marokkanische Seele. Ihre Leidenschaft für Kreativität und Erneuerung sollten dem ganzen Land als Vorbild dienen.«

FERRAN ADRIÀ
Restaurant elBulli

»Najat ist eine der talentiertesten Köchinnen Marokkos und weiß wirklich alles über die marokkanische Küche. Als ich für die National-Geographic-Fernsehserie *Gordon Ramsay Uncharted* in Marokko war, war ich überwältigt von ihrem enormen Wissen, und ich bin mir sicher, dass man dies in ihren Gerichten schmeckt.«

GORDON RAMSAY

»Es ist mehr als deutlich, dass die marokkanische Küche in Najat eine warmherzige und leidenschaftliche Vertreterin gefunden hat, die in ihren Ideen die Traditionen und Herausforderungen ihrer Kultur mit hat einfließen lassen.«

VIRGILIO MARTÍNEZ,
Restaurant Central, Lima

»Ich lernte Köchin Najat Kaanache im elBulli kennen. Sie stand dort als geborene Leiterin und als außergewöhnliche, talentierte Köchin in der Küche. Najat besticht nicht allein durch ihre Kenntnisse, sondern auch durch ihr Vermögen, diese zu lehren und weiterzugeben.«

BILLY YOSSES,
Konditormeister des Weißen Hauses, Washington

»Ein gute Köchin ist wie eine Zauberin, die Glück verteilt«, sagt Elsa Schiaparelli. An dieses Zitat musste ich denken, als ich Köchin Najat zum ersten Mal traf und ihre Kreationen probieren durfte.«

STEPHEN DI RENZA
Kreativdirektor Jardin Majorelle, Marrakesch, Yves Saint-Laurent & Pierre Bergé

»Köchin Najat ist ein besonderes Vorbild für alle Männer und Frauen. Mit ihrer dynamischen Art und ihrer Arbeit gelingt es ihr, diese über sich selbst hinauswachsen zu lassen, um jeden Tag aufs Neue die Energie zu finden, nach Perfektion zu streben.«

CHRISTIAN TÊTEDOIE
Restaurant Christian Têtedoie, Lyon

»Ein brillanter kreativer Geist, eine einzigartige Köchin, eine unersetzbare Freundin. Ich danke dir für dein großartiges Engagement. Dir war immer bewusst, dass ohne Disziplin nichts erreicht werden konnte. Du bist eine Große unter den Großen.«

MARTÍN BERASATEGUI
Restaurant Martín Berasategui, LasarteOria

»In Najat erkenne ich die Perfektion und die Sicherheit einer großen Küchenmeisterin. Ihr katzenähnliches Wesen; streng, gerecht und beschützend und bereit, bis zum Schluss für das zu kämpfen, an das sie glaubt und liebt. So ist Najat und so sind ihre Gerichte.«

ANDONI ADURIZ
Restaurant Mugaritz, Errenteria

BEVOR SIE ANFANGEN …

Bevor Sie sich an die Zubereitung der Gerichte aus diesem Buch machen, ist es gut, einige grundlegende Dinge zu wissen:

Alle Rezepte sind, wenn nicht anders angegeben, für vier Personen berechnet. Viele Gerichten lassen sich gut untereinander teilen und sind daher nicht unbedingt für eine bestimmte Personenzahl gedacht. Genießen Sie sie gemeinsam.

Bei der Zubereitung einiger Gerichte ist etwas (professionelle) Erfahrung von nöten. Lesen Sie das Rezept immer erst gut durch, bevor Sie anfangen. Grundkenntnisse im Kochen und eine Grundausstattung in der Küche werden vorausgesetzt. Spezielle Küchenutensilien sind in der Zutatenliste aufgeführt.

Die meisten Einkäufe können Sie im (größeren) Supermarkt tätigen. Bei besonderen Zutaten müssen Sie vielleicht im marokkanischen Lebensmittelhandel, im Bioladen oder beim Gastronomie-Großhändler nachfragen.

Gar- und Backzeiten sind Richtzeiten. Jeder Backofen ist anders, deshalb müssen Sie die Zeiten kontrollieren und gegebenenfalls die Temperatur und Backzeit anpassen. Seien Sie bei Zubereitungen bei offener Flamme oder beim Frittieren von Speisen besonders vorsichtig.

Werden in einem Gericht rohe Eier verwendet oder diese kaum erhitzt, dann sind die Gerichte für Kleinkinder, Schwangere, Personen mit geschwächtem Immunsystem oder ältere Menschen nicht geeignet. Dasselbe gilt für rohen Fisch und rotes Fleisch.

Kräuter sind immer frisch, es sei denn, es werden getrocknete und/oder gerebelte Kräuter angegeben.

Die Butter ist ungesalzen, wenn nicht in der Zutatenliste »gesalzene Butter« aufgeführt wird. Die Butter hat, falls nicht anders angegeben, Zimmertemperatur.

Alle Löffelangaben in den Zutaten beziehen sich auf das gestrichene Maß (falls nicht anders angegeben). 1 Teelöffel (1 TL) entspricht 5 Milliliter, 1 Esslöffel (1 EL) 15 Milliliter.

Das Einzige, was Sie noch brauchen, ist etwas Zeit und Magie, um diese besonderen Speisen zuzubereiten.

KRÄUTER & GEWÜRZE

RAS EL-HANOUT

Meist wird *ras el-hanout* mit »Kopf des Geschäfts« oder »das Beste des Geschäfts« übersetzt, doch im Arabischen bedeutet es eigentlich »das oberste Regal«. Es ist eine Gewürzmischung, die von nordafrikanischen Händlern zusammengestellt wurde, die zeigen wollten, was sie zu bieten hatten. So bereiteten sie eine typische aromatische Gewürzmischung, die manchmal aus bis zu fünfzig verschiedenen Gewürzen bestand. Ras el-Hanout ist aromatisch und hat eine erdige Note. Im Grunde besteht es aus einer Handvoll Zutaten (plus Salz), die nach Belieben variiert werden können. Geben Sie hinzu, was Ihnen schmeckt, und lassen Sie weg, was Sie nicht mögen. Die Grundmischung besteht meist aus gemahlenem Zimt, Kreuzkümmel, Koriander, Ingwer, Piment und schwarzem Pfeffer.

Für 1 Schraubglas (ca. 130 g)

2 TL gemahlener Kreuzkümmel
3 TL gemahlener Ingwer
2 TL Salz
¾ TL frisch gemahlener schwarzer Pfeffer
1 TL gemahlener Zimt
1 TL gemahlener Koriander
2 TL Cayennepfeffer
2 TL gemahlener Piment
2 TL gemahlene Gewürznelken
2 TL gemahlene Kurkuma
½ TL gemahlener Kardamom
2 TL getrocknete Zitronenschale
2 TL getrocknete Granatapfelschale
2 TL gemahlener Selleriesamen
2 TL Schwarzkümmelsamen

Alle Zutaten fein vermahlen und in einer Schüssel gründlich mischen. Das Ras el-Hanout in einem luftdicht verschließbaren Schraubglas oder in einem Gefrierbeutel mit Reißverschluss aufbewahren, damit die Gewürze ihr Aroma behalten.

Zitronen- und Granatapfelschalen können Sie getrocknet kaufen, oder aber im Backofen oder in der Sonne selbst trocknen.

PIMENT

Piment, auch Nelkenpfeffer genannt, ist die getrocknete braune Beere des tropischen Baumes *Pimienta dioica* und sieht aus wie ein großes Pfefferkorn. Wie alle Gewürze verliert Piment schnell sein Aroma: Kaufen Sie möglichst nicht zu viel. Wenn Sie keinen Piment im Vorrat haben, können Sie ihn durch die untere Mischung ersetzen. Ein Glas dieser einfachen Gewürzmischung ist das perfekte Geschenk.

Für 1 kleines Schraubglas (ca. 45 g)

2 EL gemahlener Zimt
2 EL gemahlene Gewürznelke
2 EL gemahlene Muskatnuss

Zimt, Gewürznelke und Muskatnuss in ein kleines Glas geben. Das Glas fest verschließen und schütteln, bis sich alle Zutaten gut vermischt haben.

CHERMOULA KRÄUTERMIX

Für 1 kleines Schraubglas (ca. 75 g)

2 EL Paprikapulver
1 EL gemahlener Kreuzkümmel
1 EL frisch gemahlener schwarzer Pfeffer
1 TL Salz
1 EL gemahlener Ingwer

Alle Gewürze in ein Schraubglas geben, dieses fest verschließen und alles gut schütteln.

HARISSA

Diese scharfe Paste oder Sauce stammt ursprünglich aus Nordafrika und enthält vor allem Chilischoten, rote Paprikaschoten, Knoblauch, Salz und Olivenöl. Die traditionelle Harissa wird mit getrockneten Chilis zubereitet. Diese werden fein gerebelt und mit Olivenöl zu einer bezaubernden, kräftigen Paste verrührt. »Harissa« kommt vom arabischen Wort *herass*, das auf die fein gerebelten/vermahlenen getrockneten Chilischoten verweist. So sind die Chilischoten dann auch die Hauptzutat. Das untere Rezept ist eine milde Variante, aber Sie können ihr auch mehr Schärfe geben. Ersetzten Sie dazu nach Belieben die roten Paprikaschoten durch Chilischoten.

500 g rote Paprikaschoten
1–4 Chilischoten (Sorte nach Belieben)
6 Knoblauchzehen
4 EL Olivenöl plus etwas mehr zum Bedecken
1 EL Salz

Den Backofen auf 120 °C vorheizen.

Die Paprika längs halbieren und von Stielen, Samen und Scheidewänden befreien. Die Stiele der Chilischoten entfernen und den Knoblauch schälen.
Die Chilis, den Knoblauch und die Paprika auf ein Backblech legen. Die Paprika sollten dabei mit der Haut nach oben liegen, damit das Fruchtfleisch nicht austrocknet. Alles mit 2 EL Olivenöl beträufeln und im vorgeheizten Backofen 45 Minuten garen. Die Paprika sollten nun ein wenig verschrumpelt aussehen. Aus dem Backofen nehmen und abkühlen lassen. Die abgekühlte Paprika, Chilis und Knoblauchzehen mit einem Messer fein hacken oder im Standmixer zerkleinern.

In einer tiefen Pfanne bei mittlerer Temperatur 2 EL Olivenöl erhitzen. Das Paprika-Chili-Knoblauch-Gemisch darin anbraten, dabei immer wieder umrühren. Die Pfanne nicht mit einem Deckel verschließen, denn alle Flüssigkeit aus dem Gemüse soll verdampfen. Das dauert ungefähr 45 Minuten.

Die Harissa bis knapp unter den Rand in ein oder mehrere sterilisierte Schraubgläser (siehe Seite 30) geben und mit etwas Olivenöl bedecken. Das Öl macht die Harissa haltbar. Das Glas (die Gläser) fest verschließen und im Kühlschrank aufbewahren. Die Harissa ist problemlos einige Monate haltbar.

SCHNELLES CURRYPULVER

Perfekt für Ihr Lieblingscurry, für Rührei, Saucen und vieles mehr!

3 EL gemahlener Fenchelsamen
3 EL gemahlener Koriander
3 EL gemahlener Kreuzkümmel
2 ½ EL gemahlene Kurkuma
3 EL gemahlener Ingwer
2 EL gemahlener Senfsamen
½ EL frisch gemahlener schwarzer Pfeffer
2 EL gemahlener Zimt
2 EL gemahlener Kardamom
1 EL Cayennepfeffer oder Chilipulver

Alle Gewürze in ein Schraubglas geben. Das Glas verschließen und kräftig schütteln, bis sich alle Zutaten gut vermischt haben.

ZITRONEN

Es gibt einen durchaus triftigen Grund, warum die goldgelbe Frucht auf dem Titelcover steht. Lassen Sie sich entführen in die reiche Geschichte des Etrog, einer Zitrone, die nicht nur ein kulinarischer Genuss, sondern auch einen kulturellen Wert besitzt.

Der Etrog ist der Diamant meiner Küche. Meine Gerichte sind sauer. Sie müssen Ihre Geschmacksknospen öffnen, Sie wach rütteln. Meine Art zu kochen spiegelt mein Wesen wider und ich bin mehr Rakete als sanft dahinplätschernder Bach! In meiner Küche spielt die Zitrone auf verschiedene Weise eine zentrale Rolle. Ich verwende sie sowohl für herzhafte als auch für süße Speisen; manchmal nur die Schale, manchmal nur das Fruchtfleisch, manchmal beides, und immer gibt sie Gerichten das gewisse Etwas. Dabei ist die marokkanische Küche nichts ohne unseren nationalen Stolz: die eingelegte Zitrone. Wir arbeiten in der Küche von Nur viel mit Essig, mit eingelegtem Gemüse und eingelegten Früchten. Oft hört man, dass das Einlegen etwas typisch Skandinavisches sei. Aber auch in Marokko legen wir seit Jahr und Tag unsere Speisen ein. Es sind allesamt Überlebensstrategien: So kann man im Winter das genießen, was man im Sommer erntet.

Bei der Zusammenstellung der Gerichte ist es empfehlenswert, mit etwas Saurem zu beginnen und mit etwas Süßem abzuschließen. Durch den Auftakt mit etwas Saurem öffnen Sie Ihre Geschmacksknospen und sind offen für das, was anschließend kommt. Süßes eignet sich besser für das Finale. Was mich betrifft, muss ich sagen, dass ich im Dessert nicht viel Zucker brauche. Ich bin die erste Marokkanerin, die keinen Zucker mag! Ich verwende lieber Honig und andere natürliche Süßstoffe.

Mein Land hat großartige, wohlriechende und saftige Zitronen. Eine besondere Sorte ist der Etrog. Doch nur wenige kennen ihn. Er ist den Juden eine heilige Frucht, die während des Sukkot oder Laubhüttenfests gegessen wird. Juden können in Marokko auf eine lange Geschichte zurückblicken. Vor der Ankunft der Araber wohnten sie im Land. Ich möchte mich nicht auf das politische Parkett begeben, aber Tatsache ist, dass wir eine gemeinsame Vergangenheit haben. An den Speisen von Muslimen und Juden lassen sich viele Gemeinsamkeiten ablesen.

Als die Juden fortzogen, ließen sie ihre Etrog-Bäume zurück. Doch jedes Jahr im September brauchen sie für ihre Feiertage ihre heiligen Früchte. Diese sind sehr selten und darum kostbar. Es hieß, dass die Frucht von Marokko in alle großen Städte Europas und weltweit exportiert wurde. Es musste hier also eine Plantage geben, aber ich hatte keine Ahnung, wo diese liegen sollte. Ich konnte die Frucht auch nirgendwo kaufen: weder auf dem Markt, noch bei einem Händler, nirgendwo!

Wie konnte das sein? Warum fand man im Ausland schon marokkanische Etrog-Zitronen, nicht aber in Marokko selbst? Das wollte ich so nicht hinnehmen. Vor einiger Zeit fing ich an, Leute zu speziellen Märkten überall im Land zu schicken, von denen ich glaubte, dort Etrog-Zitronen zu finden. Ich nahm Kontakt zu Angehörigen der jüdischen Gemeinschaft auf, die mir erzählten, wo die Etrogs zu finden waren. Diese Zitronen wachsen auf stark belaubten Bäumen. Man muss also genau wissen, wo diese Bäume stehen, denn sie sind nicht leicht zu entdecken. Niemand konnte mir weiterhelfen, der Etrog war nirgendwo zu finden.

Kürzlich waren wir auf einem Markt an der Küste. Dort trafen wir einen Mann, der sagte: »Etrogs? Ich kann Ihnen zeigen, wo sie angebaut werden.« Also doch, dachte ich, als ich das hörte, ich bin doch nicht blöd! Natürlich gibt es sie. Wir wurden zu einem Ort etwas neun Stunden Autofahrt von Fez gebracht, wo ein Obstgarten zu sein schien, versteckt in den Bergen, mit Hunderten von Etrog-Bäumen, für mich pure Magie!

Und so kamen die Etrogs nach Fez. Es war ein Festtag! Ich konnte mein Team mit dieser besonderen marokkanischen Frucht bekannt machen und es entdecken lassen, was man alles damit machen konnte. Wir fingen sofort mit dem Kochen an. Der Etrog wurde in Sirup eingekocht, und zwar so lange, bis das Fruchtfleisch klar ist. So ist er lange haltbar. Sein Aroma bringt gute Energie ins Haus.

Am ersten Abend, nachdem die Etrogs angekommen waren, legte ich als kleine Überraschung für meine Gäste je eine Frucht auf jeden Tisch im Restaurant. Wir haben viele jüdische Gäste aus der ganzen Welt, die Marokko besuchen und bei uns essen. Und sie fanden nun einfach so einen Etrog auf ihrem Tisch. Sie trauten ihren Augen kaum! Sie erkannten sofort die ihnen heilige Frucht und waren baff: Wie ich denn an sie gekommen sei? Wie konnte ich diese typisch jüdische Frucht in meinem marokkanischen Restaurant haben? Weil es eine marokkanische Frucht sei, antwortete ich. Der Etrog erzähle unsere gemeinsame Geschichte.

Aus all diesen Gründen – weil ich so froh war, dass meine Suche erfolgreich war, weil die Frucht ein Symbol der marokkanischen Geschichte ist – ist ein Etrog auf dem Umschlag dieses Buches abgebildet.

EINMACHEN & FERMENTIEREN

DIAMETRO 86 mm
MADE IN ITALY

EINMACHEN & FERMENTIEREN

Um Gemüse und Früchte einzumachen, verwendet man sterilisierte Gläser. Das können Weckgläser sein, mit speziellen Einkochringen, doch auch alte Marmeladengläser mit Metalldeckel sind gut geeignet. Achten Sie immer darauf, dass die Gläser noch ganz und gut gesäubert sind. Sterilisieren lassen sie sich auf verschiedene Weise.

Gläser sterilisieren

Die Gläser in einen Topf stellen und gerade so viel Wasser angießen, dass sie vollständig bedeckt sind. Das Wasser zum Kochen bringen und 15 Minuten kochen lassen.

Die Deckel oder Gummiringe in einen Stieltopf legen und knapp mit Wasser bedecken. Das Wasser muss nicht kochen. Deckel und Ringe sollten bis zum Gebrauch im Wasser liegen. So haben Bakterien keine Chance.

Die Gläser können auch im Backofen sterilisiert werden: Den Backofen auf 160 °C vorheizen. Die Gläser für 15 Minuten mit der Öffnung nach oben auf ein mit Backpapier ausgelegtes Backblech in den vorgeheizten Backofen stellen.

Die Gläser nach dem Sterilisieren aus dem Wasser oder aus dem Backofen nehmen und umgedreht auf ein sauberes Küchentuch stellen.

Verschließen

Den Rand der gefüllten Gläser sauber wischen, bevor der Gummiring aufgelegt wird. Bei Verwendung von Weckgläsern das fest verschlossene Glas in einen Topf stellen. Diesen mit Wasser auffüllen, sodass das Glas davon bedeckt ist. Zum Kochen bringen und 25 Minuten kochen lassen. Das Glas vorsichtig mit einer (Glas-)Zange aus dem Wasser heben und auf einem Küchentuch abkühlen lassen.

Gläser mit Metalldeckel nach dem Füllen fest verschließen. Den Deckel nicht extra fest verschließen. Es muss auch noch etwas Luft austreten können. Den Deckel kurz eindrücken, damit die Luft entweichen kann

Abkühlen

Die Magie des Einmachens liegt im Abkühlen. Ohne Geräte wird ein Vakuum in den Gläsern geschaffen. Wenn die Luft aus dem Glas entwichen ist (bei einem Metalldeckel), hören Sie ein Geräusch, eine Art Ping, und Sie wissen, dass die Luft entwichen und der Inhalt sicher ist.

Die Gläser 24 Stunden abkühlen lassen. Bei einem Weckglas den Gummiring kontrollieren: Wenn er fest aufliegt, ist das Glas fest verschlossen. Wird ein Metalldeckel verwendet, sollte auch hier kontrolliert werden, ob die Luft entwichen ist. Dazu einmal auf die Mitte des Deckels drücken.

ZITRONEN IM SALZBETT

Die nordafrikanische Küche ohne eingelegte Zitronen ist für mich wie ein Oreo-Keks ohne weiße Cremefüllung. Die Zitrone ist auf natürliche Weise säuerlich herb und wird auf eine geniale traditionelle Weise eingemacht, ohne dass irgendwelche Geräte zum Einsatz kommen. Eingelegte Zitronen veredeln jedes Gericht. So bekommt es einen intensiven Geschmack, ohne zu säuerlich zu werden, denn die Säure ist verschwunden und es bleibt allein das volle unverfälschte Aroma der Zitrone.

Was genau sind eingelegte Zitronen? Sie sind in Salz eingelegt und ziehen monatelang in ihrem eigenen Saft, bevor sie zum Kochen verwendet werden. Sie lassen sich schnell und problemlos selbst zubereiten und geben süßen, sauren und anderen Gerichten oder auch einem Cocktail einen Hauch von Magie. Im Mittleren Osten, in Asien und in Nordafrika werden sie für Salate und Fleisch- und Fischgerichte, aber auch für Saucen, Pürees und Mousses verwendet. Eigentlich für alles, was ein wenig Zitronenaroma verträgt. So geben Sie nicht einfach salzige und süße Noten hinzu, sondern den Geschmack von Zitronen in ihrer reinsten Form.

Wenn Sie die Zitronen nach der Ernte einlegen, können Sie sie das ganze Jahr über genießen: Sie sind sehr lange haltbar.

Für 12 Stück

12 Bio-Zitronen (300–400 g)
ca. 3 kg Meersalz (zum Bedecken der Zitronen und Füllen der Gläser)

Außerdem

1 großes (Einmach-)Glas oder mehrere kleine (Einmach-)Gläser, sterilisiert

Die Zitronen mit einem Tuch sauber reiben, dann mit einem scharfen Messer an der Ober- und Unterseite kreuzweise einritzen. Die Einschnitte mit Salz bestreuen.

Den Boden des Glases/der Gläser mit Salz bedecken. Die Zitronen hineinlegen und so viel Salz hinzugeben, dass die Zitronen vollständig bedeckt sind. Das Glas/die Gläser verschließen.

Das Glas/die Gläser mit den Zitronen für mindestens 4 Wochen an einem dunklen, kühlen Ort lagern. Ich erinnere mich, dass meine Oma die Gläser immer dunkel lagerte, genau wie Butter: Immer im Dunkeln, aber niemals im Kühlschrank. So entfalten die eingelegten Zitronen ihre Magie: Sie lassen sie einfach 4 Wochen im Dunkeln stehen. Wenn Sie auf den Zitronen einige Bläschen entdecken, ist das wunderbar, denn dann hat der Fermentierungsprozess eingesetzt. Keine Angst. So bleiben die Zitronen haltbar. Die Gläser jeden Tag leicht schütteln, damit das Salz sich gut verteilen kann.

Falls notwendig, können Sie nach dieser Zeit Zitronensaft hinzufügen. Die Zitronen sollten auf jeden Fall vollständig bedeckt sein.

Der magische Moment: Die Zitronen sind fertig! Wenn die Gläser geöffnet werden, sehen die oberen Zitronen vielleicht ein wenig braun aus, aber das ist nicht weiter schlimm. Wahrscheinlich befand sich noch etwas Luft im Glas. Sie müssen die Natur schmecken können und natürliche Techniken einsetzen: Das ist eine davon – es ist okay, wenn die Zitronen nicht perfekt aussehen. Mit dem Messer ein kleines Stück Zitrone abschneiden und probieren. Alle Geschmackssinne werden angeregt: Sie schmecken Salz, Säure, Zitrone ... Und das ist nicht mal schlecht: Durch die Fermentierung nehmen Sie auf natürliche Weise gute Bakterien zu sich!

Alles wird verwendet

Für verschiedene Gerichte werden verschiedene Teile der Zitrone verwendet. Manchmal nehmen wir die Schale, manchmal die ganze Frucht, Sie können selbst entscheiden, wie Sie damit spielerisch umgehen. Sie können eingelegte Zitronen für Fleisch, Fisch, pfannengerührtes Gemüse, Reisgerichte oder für einen Cocktail nutzen. Ich gebe sie zu Salaten, Couscous, Salatdressings, Teigwaren und ganz bestimmt zu Desserts. Nichts ist köstlicher als eine Zitronentarte mit eingelegten Zitronen (siehe Seite 265). Der Trick besteht darin, kein Stück zu vergeuden, und Möglichkeiten zu finden, um alle Teile der Frucht zu verwerten und sich betören zu lassen. Unser Band mit Mutter Erde gibt uns unsere Daseinsberechtigung und wir dürfen von keiner Frucht etwas verschwenden.

Experimentieren Sie auch mit anderen Zitrusfrüchten. Auf gleiche Weise verarbeite ich Orangen, Limetten, Grapefruits und die besondere Zitrusfrucht Etrog, falls ich sie finde. Verwenden Sie auch die Schalen. Wenn Sie also am Sonntag fürs Frühstück oder einen festlichen Mimosa-Cocktail den Orangensaft frisch auspressen und sonst die Schalen wegwerfen, können Sie diese nun aufbewahren, um sie einzulegen oder für Kuchen und Marmeladen mit süßsaure Note zu verwenden.

Eingelegte Zitronen können Sie auch fertig bei einigen Supermärkten oder bei türkischen oder marokkanischen Läden kaufen.

Gezuckerte Zitronen

500 g Salz
500 g Zucker
6 Bio-Zitronen

Außerdem

1 großes (Einmach-)Glas oder mehrere kleine Gläser, sterilisiert

In einer Schüssel das Salz und den Zucker gründlich mischen. Die Zitronen mit einem Tuch sauber reiben, dann mit einem scharfen Messer an der Ober- und Unterseite kreuzweise einritzen. Die Einschnitte mit der Salz-Zucker-Mischung bestreuen.

Den Boden des Glases/der Gläser mit der Salz-Zucker-Mischung bedecken. Die Zitronen hineinlegen und so viel Salz und Zucker hinzugeben, dass die Zitronen vollständig bedeckt sind. Das Glas/die Gläser verschließen. Da Zucker verwendet wird, können die Gläser während des Fermentationsprozesses im Kühlschrank aufbewahrt werden. Wenn dort nicht ausreichend Platz ist, die Gläser an einen dunklen, kühlen Ort stellen.

Die Gläser etwa 4 Wochen stehen lassen, dabei jeden Tag leicht schütteln, damit sich Salz und Zucker gut verteilen.

Die Zitronen sind fertig, wenn sie so aussehen wie auf dem Foto: ganz glasig und weich. Sie lassen sich für eine Vielzahl von Gerichten verwenden – etwa für gebratenes Hähnchen, doch auch für Desserts und Tartes.

EINGELEGTE RADIESCHEN

Supereinfach zuzubereiten, würzig und süß: Diese Radieschen geben jedem Essen eine besondere Note. Außerdem überzeugen sie durch ihre rosa Farbe und bringen so eine Portion Fröhlichkeit auf den Teller.

Radieschen sollten Sie stets im Vorrat haben. Sie kennen vielleicht diese eingelegten Jalapeño-Chilis, die in einem Taco mit Fleisch- oder Hähnchenfüllung serviert werden. Wenn Sie statt der Jalapeños eingelegte Radieschen und Koriander hinzufügen, bekommen Sie eine andere, komplexere Geschmackspalette. Mit nur einem Bissen schmecken Sie verschiedene Küchen. Genau das wollen wir: Ein Gericht mit den Aromen der Natur auf eine höhere Stufe heben.

1 Bund kleine, supermagische Radieschen
1 Zweig Rosmarin
125 ml Apfelessig (oder Cidre-Essig)
110 g Zucker
60 ml Wasser
2 TL Salz
2 TL Senfsamen
½ TL schwarze Pfefferkörner
2 Lorbeerblätter
1 Msp. Chiliflocken

Außerdem
1 großes Schraubglas, sterilisiert

Das Grün der Radieschen abschneiden. Die Radieschen mit einem Schwamm gründlich abreiben. Die Radieschen in das Glas legen und den Rosmarinzweig hinzufügen.

Alle restlichen Zutaten in einem Stieltopf zum Kochen bringen. Die Radieschen mit der Flüssigkeit übergießen, bis das Glas bis zum Rand gefüllt ist. Das Glas fest verschließen. Wenn ein Glas mit Metalldeckel verwendet wird, mit den Fingern auf die Mitte des Deckels drücken, damit die Luft aus dem Glas entweichen kann. Mindestens 8 Stunden abkühlen lassen und die Aromen gut durchziehen lassen, bevor die Radieschen verwendet werden.

Im Kühlschrank halten sich die Radieschen 6–7 Monate.

GEZUCKERTE TOMATEN

5 kg Tomaten
2,5 kg Zucker

Außerdem
1 großes (Einmach-)Glas oder mehrere kleine Gläser, sterilisiert

Die Tomaten der Länge nach vierteln. Die Hälfte des Zuckers auf ein Backblech oder in eine große Auflaufform streuen und die Tomaten darauflegen. Mit dem restlichen Zucker bestreuen. Das Blech/die Form mit Pergament bedecken und die Tomaten für 2 Tage in den Kühlschrank stellen.

Die gezuckerten Tomaten in das Glas/die Gläser geben. Was für ein Genuss!

EINGELEGTE GURKEN

Wenn bei mir etwas im Kühlschrank sein muss, dann sind es eingelegte Gurken. Köstlich zum Hamburger, im Salat, zu Fisch und zu allen möglichen Gerichten. Legen Sie die Gurken einfach mit Dill, Koriander und Knoblauch ein, das ist der Trick, und nehmen Sie süßsaure Einmachflüssigkeit. Ganz einfach.

Ich lernte die Zubereitung dieser Gurken von meiner Oma. Sie wurde 85 Jahre und lebte in den Bergen bei Taza, im Rif-Gebirge. Sie verwendete ihre eingelegten Gurken für verschiedenste Salate. Sie besuchte nie ein Restaurant, kannte aber alle kulinarischen Geheimnisse ihres Landes.

Wenn ich diese Gurken zubereite, sagen mir die Leute, dass sie noch nie so etwas Leckeres probiert haben. Und dabei kommt das Rezept von einer einfachen Frau aus den Bergen, die kein fließendes Wasser hatte und nie in die Stadt kam.

Für die Flüssigkeit

800 ml Weißweinessig
300 ml Wasser
450 g Zucker
4 EL Meersalz
3 EL Dillsamen
2 EL Koriandersamen

Für die Gurken

3 große Salatgurken
4 Knoblauchzehen
5 Stengel Dill

Außerdem

1 großes (Einmach-)Glas oder mehrere kleine Gläser, sterilisiert

Für die Einlegflüssigkeit alle Zutaten in einem Stieltopf zum Kochen bringen. Sobald die Essigmischung anfängt zu kochen, die Temperatur reduzieren.

Die Gurken in Schreiben hobeln, je nach gewünschter Dicke. Den Knoblauch schälen. Die Gurkenscheiben in das Glas/die Gläser geben. Den Knoblauch und die Dillstengel hinzufügen. Die Einmachflüssigkeit angießen. Das Glas/die Gläser fest verschließen und den Inhalt auf Zimmertemperatur abkühlen lassen. Die Gläser in den Kühlschrank stellen und bis zur weiteren Verwendung ziehen lassen. Gekühlt sind die eingelegten Gurken sehr lange haltbar.

EINGELEGTE KAROTTEN

Wunderbare orangefarbene Karotten oder aber rosa, gelbe oder rote Exemplare – was Sie gerade im Vorrat haben. Mit Fenchelsamen. Den ich über alles liebe, und Dill und Koriander, damit die Karotten einen feinen erdigen Geschmack bekommen. Wenn Sie nicht alle Kräuter im Haus haben oder sie nicht allzu sehr mögen, dann nehmen Sie einfach, was Sie haben und lassen Sie die Kräuter weg.

500 g Karotten
300 ml Wasser
300 ml Apfelessig
75 g Zucker
6 Knoblauchzehen
½ EL Fenchel-, Dill- oder Koriandersamen, oder ein Mix aus allen drei, nach Belieben
100 g Meersalz
2 Lorbeerblätter
2 Sternanis

Außerdem
1 großes (Einmach-)Glas oder mehrere kleine Gläser, sterilisiert

Die Karotten schälen. In Marokko schneiden wir sie längs durch und entfernen das weichere Innere, aber das muss nicht sein. Die Karotten in einen Topf mit Wasser legen und dieses aufkochen. Etwa 2 Minuten kochen lassen, dann abgießen und die Karotten unter kaltem Wasser abspülen. Beiseitelegen.

Die restlichen Zutaten in einem Topf aufkochen lassen. Die Karotten hineingeben und 4 Minuten garen. Den Topf vom Herd nehmen und den Inhalt in das Glas/die Gläser geben. Die Gläser fest verschließen und die Karotten »chillen und relaxen« lassen.

Die Karotten möglichst 2 Tage vor dem Verzehr zubereiten. Im Kühlschrank halten sie sich dann etwa 1 Monat.

EINGELEGTE ZWIEBELN

1 kg Zwiebeln oder Schalotten
85 g Salz
750 ml Wasser
750 ml Weißweinessig
220 g Zucker
1 EL Senfsamen
6 Lorbeerblätter
10 Pfefferkörner

Außerdem
1 große Schüssel Eiswasser
1 großes (Einmach-)Glas oder mehrere kleine Gläser, sterilisiert

Die Zwiebeln ungeschält in einen Topf mit Wasser legen, das Wasser aufkochen und etwa 3 Minuten kochen lassen. Das Wasser abgießen und die Zwiebeln in Eiswasser abkühlen lassen. Das Wasser (750 ml) in einer Schüssel mit dem Salz verrühren. Die abgekühlten Zwiebeln schälen und in das Salzwasser legen. Die Zwiebeln sollten vollständig davon bedeckt sein. Mindestens 10 Stunden oder über Nacht stehen lassen. Die Zwiebeln unter kaltem Wasser abspülen und abtropfen lassen.

Den Essig in einem Stieltopf mit dem Zucker, den Senfsamen, dem Lorbeerblatt und den Pfefferkörnern bei geringer Temperatur zum Kochen bringen und dann 5 Minuten leicht ziehen lassen.

Die Zwiebeln in das Glas/die Gläser geben und mit dem Essigsud übergießen. Das Glas fest verschließen. Die Zwiebeln vor der weiteren Verwendung 1 Woche stehen lassen.

IN ESSIG MARINIERTE PILZE

50 ml weißer Essig
1 TL Zucker
200 g frische Steinpilze
(oder andere Pilze)
1 l Wasser

Außerdem
1 großes (Einmach-)Glas, sterilisiert

Den Essig in einem Stieltopf aufkochen, dann vom Herd nehmen und den Zucker in den heißen Essig rühren.

Die Pilze sauber bürsten oder mit Küchenpapier abreiben. Das Einmachglas mit dem Wasser füllen und die Pilze hineinlegen. Den Essig angießen und 2 Tage ziehen lassen.

Die marinierten Pilze sind im Kühlschrank höchstens 1 Woche haltbar.

EINGELEGTE SARDELLEN

1,25 kg frische Sardellen
600 ml Weißweinessig
250 ml Olivenöl
10 Knoblauchzehen
1 TL Salz (oder mehr, je nach Belieben)
glatte Petersilie, fein gehackt
(nach Belieben)

Die Sardellen säubern. Dazu den Kopf abziehen und die Innereien und Gräten entfernen. Die Sardellenfilets flach in eine Schale legen.

Die Sardellen mit dem Weißweinessig und anschließend mit dem Olivenöl übergießen. Den Knoblauch schälen, fein hacken und auf den Sardellen verteilen. Nach Belieben mit Salz bestreuen. Die Schale mit Frischhaltefolie abdecken und für mindestens 6 Stunden in den Kühlschrank stellen.

Vor dem Anrichten nach Belieben mit Petersilie bestreuen. Mit knusprigem Brot und etwas Zalouk (siehe Seite 84) zu einem Glas Wein servieren.

EINGELEGTE TOMATEN MIT KNOBLAUCH

Diese Tomaten mit Knoblauch schmecken großartig in einem Nudelgericht oder in einem Salat. Wir bereiten die Tomaten auf diese Weise in großen Mengen zu, wenn sie Saison haben und preiswert sind. So können wir sie lange aufbewahren und genießen. Sie verleihen Gerichten einen intensiven Tomatengeschmack und eine herrliche Süße.

Sie können die Tomaten im Backofen trocknen, oder in der Sonne, wie es unsere Vorfahren taten. Durch das Trocknen können Sie den intensiven Geschmack konservieren.

1,5 kg Romatomaten
1 l natives Olivenöl extra
2 Knollen Knoblauch
1 EL Rosmarinnadeln
1 Bio-Orange
1 Bio-Zitrone

Außerdem
1 großes (Einmach-)Glas oder mehrere kleine Gläser, sterilisiert

Die Tomaten waschen, halbieren und entkernen. Überflüssiges Tomatenwasser leicht ausdrücken, damit die Tomaten schneller trocknen. Die Tomaten in eine Schüssel legen und mit etwas Olivenöl beträufeln. Die Tomaten mit den Händen mischen, bis sie vollständig vom Öl überzogen sind.

Den Backofen auf 100 °C vorheizen.

Ein Backblech mit Backpapier auslegen – glauben Sie mir, das vereinfacht das Säubern hinterher ungemein. Die Tomaten auf dem Backblech verteilen, sie sollten nicht aneinanderliegen. Das Backblech für 2 Stunden 20 Minuten in den vorgeheizten Backofen schieben.

Ein zweites Backblech mit Backpapier auslegen und die gegarten Tomaten darauf verteilen. So verschwindet der Geruch von angebrannten Tomaten und es kann sich ihr wunderbarer Duft entfalten! Die Tomaten zurück in den Backofen schieben. Sollen die Tomaten vollständig trocken oder noch ein wenig feucht sein? Das liegt ganz an Ihnen. Nun stündlich kontrollieren, wie sie aussehen und dass sie nicht verschmoren. Ich bevorzuge leicht getrocknete Tomaten, sodass ich sie meist 6–8 Stunden im Backofen trockne. Die getrockneten Tomaten abkühlen lassen.

Die getrockneten Tomaten in ein sauberes Glas geben. Mit Olivenöl übergießen und die Knoblauchknollen und die Rosmarinnadeln hinzufügen. Mit einem Sparschäler die Schalen der Orange und der Zitrone abziehen und diese ebenfalls hinzugeben. Das Glas fest verschließen.

Die Tomaten sofort servieren oder aufbewahren. Machen Sie sich keine Gedanken wegen der Haltbarkeit. Sie werden sie ohnehin zu jedem Gericht essen wollen.

DIAMETRO 86 mm
Quattro Stagioni

SONNENGETROCKNETE MORCHELN

Morcheln lassen sich gut trocknen und behalten dabei ihren Geschmack. Wenn Sie sie richtig trocknen und anschließend in heißem Wasser einweichen, ist die Textur der getrockneten Morcheln fast dieselbe wie die von frischen. Getrocknete Morcheln sind ewig haltbar, solange sie keine Feuchtigkeit abbekommen.

Im Nur bereiten wir sie fast jeden Tag zu. Wir haben einen riesigen Vorrat, weil wir sie aus dem nahen Atlasgebirge bekommen.

Sie können Morcheln im Backofen oder sogar vor einem Ventilator trocknen, aber am besten gelingt es in einem Dörrautomaten.

Morcheln, in beliebiger Menge (wir bereiten meist eine Portion von 2 kg zu)

Vergessen Sie den Lehrsatz, dass Pilze nicht gewaschen werden sollen. Schließlich können sich in den Morcheln kleine Krabbeltierchen verstecken. Deshalb waschen wir die Morcheln in reichlich Wasser mit Salz. Wir lassen sie etwa 10–20 Minuten einweichen, aber keine halbe Stunde.

Die Morcheln aus dem Wasser nehmen und vorsichtig ausdrücken. Sie ähneln nun kleinen Schwämmen und sind mit Wasser vollgesogen. Die Morcheln in große und kleine Exemplare teilen. Sie müssen alle trocknen, doch die kleinen Morcheln sollen natürlich nicht verbrennen. Egal, wie sie getrocknet werden: immer die größeren Pilze von den kleinen trennen. In einem Dörrautomaten können sie auf zwei verschiedenen Ebenen liegen.

Den Dörrautomaten auf 52 °C einstellen und die Morcheln 4–6 Stunden trocknen lassen. Große Exemplare brauchen auch schon mal 8 Stunden. Die Morcheln abkühlen lassen und in fest verschlossenen Schraubgläsern aufbewahren.

Die getrockneten Morcheln vor der Verwendung 5 Minuten in heißem Wasser einweichen.

EINGELEGTE PFIRSICHE

Als Mädchen träumte ich vom Aroma der Vanille.
Diese Pfirsiche schmecken perfekt zu Vanilleeis.

26 mittelgroße reife Pfirsiche
1 TL Natron
110 g Zucker
125 ml weißer Essig
¼ TL Meersalz

Außerdem
1 große Schüssel Eiswasser
1 großes (Einmach-)Glas oder mehrere kleine Gläser, sterilisiert

Mit einem scharfen Messer die Unterseite der Pfirsiche kreuzweise einritzen. In einem Topf reichlich Wasser mit dem Natron zum Kochen bringen. Die Pfirsiche 10 Sekunden darin blanchieren, anschließend sofort in das Eiswasser legen. Die abgekühlten Pfirsiche vorsichtig häuten, dann 20 Minuten in einem Sieb abtropfen lassen.

Die Pfirsiche zurück in den Topf geben, mit dem Zucker bestreuen und darin wenden. Den Topf mit einem Deckel verschließen und 24 Stunden stehen lassen.

Dann Essig und Salz hinzufügen und mit gerade so viel Wasser angießen, dass die Pfirsiche bedeckt sind. (Inzwischen hat sich der Zucker aufgelöst.) Alles bei geringer Hitze zum Kochen bringen und 2 Minuten kochen, bis die Pfirsiche weich sind. Die Pfirsiche mit einem Schaumlöffel herausheben und in das Glas/die Gläser legen.

Die restliche Flüssigkeit erneut aufkochen und in 6–8 Minuten zu einem Sirup einkochen. Den Sirup bis 2 cm unter dem Rand über die Pfirsiche im Glas gießen. Wenn sich in der Flüssigkeit Luftbläschen bilden, diese mit einem Löffel verrühren.

Den Glasrand mit einem feuchten Küchentuch sauber abwischen und das Glas fest verschließen. Wird ein Einmachglas verwendet, dieses 25 Minuten (siehe Seite 30) kochen. Wird ein Glas mit Metalldeckel verwendet, dieses gut abkühlen lassen.

Nach 24 Stunden kontrollieren, ob das Glas fest verschlossen ist. Die Pfirsiche an einem dunklen, kühlen Ort aufbewahren. So sind sie 6 Monate haltbar. Wenn eines der Gläser nicht fest verschlossen ist, das Glas direkt in den Kühlschrank stellen und diese Pfirsiche zuerst essen.

EINGELEGTE GRÜNE FEIGEN

1 kg grüne (unreife) Feigen
500 g Zucker
3 EL Kardamomkapseln
3 Gewürznelken
50 ml Zitronensaft (von ca. 1 Zitrone)
1 EL Rosenwasser oder 2 getrocknete Rosenblütenblätter

Außerdem
1 großes (Einmach-)Glas oder mehrere kleine Gläser, sterilisiert

Die Feigen in einen Topf mit dickem Boden legen. Sie sollten sich nicht berühren oder übereinanderliegen. Die Feigen mit dem Zucker bestreuen, dann den Kardamom und die Gewürznelken hinzufügen. Den Topf mit einem Deckel verschließen und die Feigen mindestens 5–6 Stunden oder über Nacht ruhen lassen.

Die Feigen im Topf bei geringer Temperatur 1 Stunde 15 Minuten sanft köcheln lassen – der Zucker darf dabei nur ganz leicht brodeln. Die Feigen sollen transparent werden wie auf dem Foto.

Den Zitronensaft und das Rosenwasser oder die Rosenblütenblätter hinzufügen und weitere 5 Minuten köcheln lassen. Die Feigen abkühlen lassen und in einem fest verschlossenen Glas aufbewahren.

MILCHPRODUKTE

JBEN

Jben ist Marokkos Version vom Frischkäse. Er stammt ursprünglich auf dem Rif-Gebirge, im Norden des Landes, ist aber auch anderswo zu finden. Der Frischkäse wird häufig zu Hause frisch zubereitet, kann aber auch in den lokalen Läden gekauft werfen. Jben ist als Brotaufstrich zum Frühstück oder zum Tee beliebt, Sie können ihn aber auch als Füllung oder anstelle von Frischkäse verwenden. Meine Großmutter und ich bereiteten Jben am Vortag zu und so bekam das Frühstück am nächsten Morgen immer einen Hauch von Magie. Diese Transformation von Milch zu Käse, die Fermentierung und das Resultat auf dem Tisch, ist ein natürlicher Prozess.

Wenn ich im Norden von Marokko unterwegs war, sah ich häufig, dass Jben so wie hier auf dem Foto abgebildet zum Kauf angeboten wurde – in einem Schälchen aus Palmblättern. Den Käse können Sie auf Märkten, am Straßenrand und bei Straßenhändlern kaufen. Jben wird von der Konsistenz und dem Geschmack her immer etwas variieren – fest oder krümelig, mit oder ohne Salz, feucht oder trocken. Manchmal werden Kräuter für die Vielfalt hinzugefügt. Wie anderer Frischkäse ist Jben einfach in der Zubereitung. Sie können Kuh- oder Ziegenmilch verwenden und nach Belieben Kräuter, Früchte oder auch Oliven hinzufügen. In einigen Rezepten wird Lab zum Gerinnen verwendet, doch die meisten greifen bei der eigenen Herstellung auf Laban oder Buttermilch zurück. Ein wenig Zitronensaft oder Essig kann ebenfalls hinzugefügt werden, ist aber nicht unbedingt notwendig. Denken Sie daran, dass Sie Käseleinen benötigen, in dem der Käse abtropfen kann.

1 l Vollmilch (3,5 % Fett)
500 g Sahne (nach Belieben)
1 Msp. Salz (oder 1 TL Salz für gesalzenen Jben)
1 l Buttermilch (oder Dickmilch)

Außerdem
1 Stück Käseleinen

In einem Stieltopf die Milch und die Sahne (wenn verwendet) mit dem Salz zum Kochen bringen. Den Topf vom Herd nehmen und die Buttermilch hineinrühren. Die Milch mindestens 1 Stunde gerinnen lassen oder den Topf mit einem Deckel verschließen und über Nacht stehen lassen.

Ein Sieb oder einen feinmaschigen Durchschlag über eine Schüssel stellen und mit einem Stück Käseleinen auslegen. Den Käsebruch in das Sieb geben. Eventuell noch die Molke aus der Schüssel gießen, damit das Sieb nicht in der Flüssigkeit hängt. Das Käseleinen über den Käsebruch schlagen und den Bruch einige Stunden (oder über Nacht im Kühlschrank) abtropfen lassen, bis der Käse so trocken und fest ist wie gewünscht.

Den Käse aus dem Käseleinen nehmen und in eine Schüssel legen. Vorsichtig mit den Kräutern oder anderen Zutaten (nach Belieben) mischen. Den Käse von Hand formen. Im Kühlschrank ist er recht lange haltbar.

RAIB MIT HIMBEERKONFITÜRE

Diesen marokkanischen Joghurt servieren wir mit etwas Konfitüre. Er lässt sich ganz leicht selbst zubereiten.

Für 8 Portionen

750 ml Vollmilch
50 g Zucker
1 EL Zitronen- oder Orangenblüten (möglichst frisch, ansonsten getrocknet)
8 EL Naturjoghurt als Joghurtstarter

Für die Himbeerkonfitüre
200 g Himbeeren
120 g Zucker
2 EL Maisstärke
60 ml Wasser

Außerdem
1 sauberes, sterilisiertes (Einmach-) Glas

Nehmen Sie einen guten Joghurtstarter. Kontrollieren Sie die Zutatenliste des verwendeten Joghurts, ob er auch wirklich lebende Biokulturen enthält. Die meisten Konfitüren enthalten viel Zucker, aber das mag ich nicht so und verwende deshalb lieber Maisstärke, um die Konfitüre anzudicken. Die Menge an Wasser und Zucker können Sie jederzeit nach Geschmack anpassen.

Zuerst 500 ml Milch in einen Stieltopf geben und den Zucker hineinrühren. Die Milch zum Kochen bringen. Den Topf vom Herd nehmen, sobald die Milch Blasen wirft. Lauwarm abkühlen lassen und dann die Blüten hinzufügen.

Den Backofen 5–10 Minuten auf 100 °C vorheizen.

In der Zwischenzeit die restliche Milch (250 ml) mit dem Naturjoghurt (Joghurtstarter) verrühren. Das Gemisch zu der abgekühlten Milch geben und alles gut umrühren. Den Backofen nach 5–10 Minuten abschalten. Etwa 8 kleine Gläschen in eine flache Auflaufform stellen. Die Blüten aus der Joghurt-Milch-Mischung schöpfen. Die Mischung in die Gläser geben. Die Schale mit Folie abdecken und für 8–15 Stunden in den Backofen stellen.

Für einen cremigen Joghurt reichen 8–9 Stunden, für einen stichfesteren Joghurt brauchen Sie 15 Stunden. Die Gläser in den ersten 8 Stunden ruhen lassen. Erst dann kontrollieren, ob der Joghurt schon etwas eingedickt ist. Eventuell noch länger stehen lassen.

Die Form aus dem Backofen nehmen, sobald der Joghurt dick genug ist. Die Gläser mit Frischhaltefolie abdecken und den Joghurt 2–4 Stunden im Kühlschrank fest werden lassen. In der Zwischenzeit die Himbeerkonfitüre zubereiten. Vor dem Servieren je 1 EL Himbeerkonfitüre auf den Joghurt geben.

Himbeerkonfitüre

Für die Konfitüre die Himbeeren putzen und halbieren. Den Zucker in einem Topf bei mittlerer Temperatur erwärmen. Zwischendurch immer wieder umrühren, bis der Zucker beginnt zu schmelzen, dann die Himbeeren hinzufügen. Anschließend 12 Minuten leicht köcheln lassen. Dabei weiterrühren, damit die Konfitüre nicht anbrennt.

Die Maisstärke mit 1 EL Wasser anrühren und in die Konfitüre rühren. Noch 5 Minuten köcheln lassen. Die Konfitüre in ein sauberes Schraubglas geben und das Glas fest verschließen.

NU

NUR

In der Medina von Fez eröffnete ich ein Restaurant, um Menschen und Geschmackseindrücke in einem festlichen Rahmen zusammenzubringen. Das Wichtigste, das ich all meinen Gästen mit auf den Weg gebe, ist das Wissen, dass die marokkanische Küche mehr zu bieten hat als nur Couscous.

»Najat, ich habe einen Ort, mitten in der Medina von Fez, damit musst du etwas machen!« Ich führte ein Restaurant in Mexiko City, als ich 2016 eines Tages einen Anruf vom Kreativdirektor des Jardin Majorelle, dem botanischen Garten von Yves Saint-Laurent in Marrakesch, erhielt. Was soll ich in Fez?, antwortete ich. Doch je länger ich darüber nachdachte, desto größer wurden meine Zweifel. Vielleicht hat es einen Grund, warum dieser Anruf gerade jetzt kommt, dachte ich, vielleicht ist es nach meinem langen Nomadenleben an der Zeit, nach Hause zurückzukehren.

Ich setzte mich ins Flugzeug und flog nach Fez. Ich suchte die Adresse auf und dachte: Wow. Dann flog ich zurück nach Mexiko-City und sagte zu Stephen: Gib mir eine Woche Bedenkzeit. In dieser Woche bin ich nachdenklich lange Strecken durch die Stadt gelaufen. Konnte ich es mir überhaupt leisten? Ich musste den Betrieb von Grund auf neu aufbauen. Den Durchschlag gab schließlich die Erkenntnis, dass ich mit dem Lokal alle Freiheiten der Welt hätte. Ich entschloss mich, das Risiko einzugehen. Mit zwei Koffern kam ich in Fez an, um Nur – Licht im Arabischen – aufzubauen. Mein Ziel war es von Anfang an, das beste marokkanische Restaurant der Welt zu eröffnen.

Wenn jemand sagt: »Ja, die marokkanische Küche, die kenne ich zur Genüge: Couscous und Tajines«, dann bin ich todunglücklich. Im Nur servieren wir keinen Couscous. Mein Großvater – er ist inzwischen fünfundneunzig – hat noch nie eine Tajine gegessen. Meine Großmutter besitzt wunderbare alte Pfanne und Tonschalen für Fleisch und für Gemüse. Aber sie hat keine Tajine.

Wir servieren im Nur eine moderne marokkanische Küche, basierend auf meinen Kindheitserinnerungen an die Speisen und meine kulinarische Reise, die ich seitdem unternommen habe. Im Nur wollen wir unseren Gästen die Vergangenheit, die Gegenwart und die Zukunft unserer Küche schmecken lassen, zubereitet von Marokkanern mit authentischen marokkanischen Zutaten. Marokko war lange Zeit eine französische Kolonie und die Kochschulen hier sind noch immer stark französisch geprägt. Aber so kochen wir im Nur nicht. Die nordafrikanische Küche zeichnet sich durch eigene Techniken und eine ihr eigene Schönheit aus und die möchte ich feiern. Die Aromen meiner Kindertage, die Farben, die Gerüche Marokkos müssen auf natürliche und zugleich besondere Weise in meinen Gerichten zum Ausdruck kommen. Dadurch hoffe ich, das Kind in meinen Gästen wieder zum Leben zu erwecken: das Kind, für das alles noch neu ist.

Im Prinzip habe ich den schwierigsten Beruf der Welt, denn jeder Mensch blickt auf eine andere Jugend und eine andere Geschmackserfahrung zurück, auf eine andere Art des Essens. Und ich kenne meine Gäste in der Regel nicht persönlich, und doch ist es mein Ziel, sie glücklich zu machen. Wir versuchen, unsere Gäste zu überraschen; wir fordern sie heraus, lassen sie neue Aromen entdecken, auf eine Weise, die sie gleichzeitig überrascht und entzückt. Wir wollen, dass die Seele meiner Küche sich mit der unserer Gäste verbindet. Ein gutes Beispiel ist unsere Safran-Meringue, die im Geschmack an die Medina erinnert: Man kann sich in zwei Bissen darin verlieren; sie vereint alle Aromen Marokkos.

Auch für die Einrichtung des Restaurants habe ich typisch marokkanische Farben gewählt. Architektur, Speisen und Menschen müssen eine Einheit bilden. Unser Gebäude ist in Schwarz-Weiß gehalten und dazu habe ich ruhige Naturtöne kombiniert. An den Wänden des Restaurants hängen Bilder, die jede Menge Energie verströmen. Wir verwenden Teller, die ein Künstler extra für uns gebrannt hat. Einige Gerichte servieren wir auf prächtigen Fliesen, die marokkanische Handwerker gefertigt haben. Eine davon, in diesem magischen marokkanischen Blau, ist auf dem Umschlag dieses Buches abgebildet.

Ich möchte unseren Gästen nicht nur köstliche Speisen servieren, sondern ein Gesamterlebnis bieten. Die Vorderseite meines Restaurants ist für mich deshalb ebenso wichtig wie die Rückseite. Derjenige, der die Gäste an der Tür willkommen heißt, spielt eine ebenso große Rolle wie der Koch. Das Nur liegt in der Medina, buchstäblich in der *middle of nowhere*. Darum holen wir unsere Gäste bei ihrem Hotel ab und bringen sie am Ende des Abends auch wieder zurück. Das mache ich, weil ich möchte, dass meine Gäste glücklich kommen und gehen.

Ich bin wie die Schweiz, einigend und neutral

Mein Ziel war es, das Nur zu einem der besten marokkanischen Restaurants der Welt zu machen. Und innerhalb eines Jahres hatte ich das erreicht. Bei den World Luxury Awards 2017 wurde Nur für die beste marokkanische Küche der Welt ausgezeichnet, genau wie auch 2018 und 2019! Aber das heißt nicht, dass wir uns auf unseren Lorbeeren ausruhen: Jeden Tag lege ich die Messlatte etwas höher. Jeden Tag müssen wir unseren Standard im Kochen wiederholen, wenn nicht sogar verbessern.

Ich führe ein Luxusrestaurant in einem nordafrikanischen Land. Jeder Tag ist eine Herausforderung. Meine Produkte werden häufig noch mit dem Esel zum Restaurant geliefert. Wasser, Gläser, Servietten – alles muss ich mühevoll suchen. Alles kostet hier doppelt so viel Mühe wie anderswo. Und dann bin ich auch noch eine Frau. Das erfordert noch mehr Flexibilität und ich nehme Rücksicht auf örtliche Befindlichkeiten. Es geht vor allem um Respekt: Die Männer respektieren die Frauen und umgekehrt. Das haben alle in meiner Küche lernen müssen. Ich bin zu der geworden, die ich bin, weil ich alles erlebt und gesehen habe. Das alles habe ich nach Fez mitgenommen. Ich bin wie die Schweiz, einigend und neutral. Im Nur lehre ich die Menschen, dass Männer nicht besser sind als Frauen und dass Frauen nicht besser sind als Männer. Für mich sind sie alle Meister ihres Fachs: Ohne sie bin ich nichts. Zusammen probieren wir jeden Abend aufs Neue, etwas Schönes zu zaubern.

Auf dem afrikanischen Kontinent liegt die Gastronomie häufig in Händen von Frauen. Sie stehen in der Küche, im Hotel, kümmern sich ums Geld. Das können sie, weil sie auch zu Hause immer dafür sorgen, dass alles glatt läuft: Frauen müssen haushalten. Frauen sorgen dafür, dass alle mit Essen und ordentlicher Kleidung das Haus verlassen. Und das tun sie oftmals, ohne selbst lesen und schreiben zu können. Für meinen Betrieb übernehme ich Verantwortung. Ich investiere in Menschen, ganz praktisch und unmittelbar. Diese Frau kann gut kochen! Wunderbar, dann geben wir ihr die Mittel für einen eigenen Betrieb. Ein Mädchen, das durch seine Arbeit für mich seinen mittleren Schulabschluss finanzieren will? Sehr gut, es kann Orangen- und Zitronenschalen mitnehmen, um daraus Marmeladen herzustellen, die es dann verkauft. So kann es zusätzlich etwas verdienen. Ich versuche, die Frauen, die für mich arbeiten, unabhängig zu machen. Wenn du nicht besser wirst als ich, sage ich immer, teilweise im Scherz, dann habe ich keine gute Arbeit geleistet.

Dieses Buch zeigt nicht die Facetten der marokkanischen Küche. Ich behaupte nicht: So kocht man marokkanisch. Nein, dies ist meine Interpretation der marokkanischen Küche. In diesem Buch nehme ich Sie an die Hand und bringe Ihnen meine marokkanische Küche näher. Die Küche meiner Kindheit in Taza, denn dort liegen meine Wurzeln, mischen sich hier mit allem, was ich von den Spitzenköchen, für die ich arbeitete, gelernt habe. Zudem habe ich einige Rezepte traditioneller marokkanischer Gerichte aufgenommen, etwa Tajines und Brote, da viele Menschen sie kennen. Aber auch hier gilt: Es sind Interpretationen dieser Gerichte. Die Rezepte sind einfach und doch lassen sich mit wenigen Zutaten und ohne aufwendige Küchengeräte authentische marokkanische Geschmäcker kreieren. Es braucht nicht immer viele Zutaten. Glauben Sie mir, denn ich lebe dort, ich koche mit regionalen Produkten. So essen wir in Fez und so können Sie auch daheim essen.

BROT

In Nordafrika wird beim Brotbacken statt Hefe das Heu der Artischocke verwendet. Es ist ein natürliches Triebmittel.

HARCHA

Harcha wird morgens zum Frühstück oder mittags zum Tee, mit Konfitüre, Frischkäse oder einem Sirup aus zerlassener Butter und Honig gegessen. Es erinnert mich an meine Kindheit. Für hungrige Kinder ist es eine großartige Mahlzeit, doch es passt ebenso gut zu Salaten und Fleischgerichten. Meine Oma servierte zu Harcha immer Shiba-Tee aus Wermutkraut, einem sehr bitteren Heilkraut. Auf dem Foto ist Harcha zu sehen (das untere Brot) und darauf liegt Mefrok (siehe Rezept auf Seite 68).

Für 1 Brot (8–12 Stücke)

- 350 g Weichweizengrieß (kein Hartweizengrieß)
- 3 EL Zucker
- 2 TL Backpulver
- 1 Msp. Salz
- 125 g Butter, Zimmertemperatur oder flüssig
- 120–180 ml Vollmilch
- 50 g grobes Grießmehl (Semola di Grano Duro, nach Belieben)

In einer Schüssel den Weichweizengrieß, den Zucker, das Backpulver und das Salz mischen. Die Butter hinzufügen und mit der Hand oder einem Holzlöffel den Weichweizengrieß unterrühren, bis alle Körner glänzend und feucht sind.

Nun 120 ml Milch angießen und alles zu einem kompakten Teig verarbeiten. Dieser darf noch feucht sein, fast wie Pfannkuchenteig, doch er sollte fest genug sein, um sich formen zu lassen. Falls nötig, noch etwas Milch hinzugeben. Den Teig zu einer Kugel formen und diese einige Minuten ruhen lassen.

Eine Pfanne oder Grillpfanne auf mittlere Temperatur erhitzen.

Inzwischen die Teigkugel durch das grobe Grießmehl rollen (nach Belieben) und mit den Händen zu einer flachen, 0,5 cm dicken Scheibe (oder etwas dicker) formen.

Diesen Pfannkuchen bei geringer Temperatur von jeder Seite 5–10 Minuten hellbraun backen. Das Harcha nur einmal wenden und zwischendurch immer wieder kontrollieren, ob es nicht zu schnell bräunt, denn das Backen braucht etwas Zeit.

Das Harcha in 8 oder 12 Stücke schneiden und direkt mit Konfitüre, Käse oder Butter servieren. Harcha lässt sich gut einfrieren. Dann das Brot auf jeden Fall über Nacht im Kühlschrank auftauen lassen.

MEFROK

Das ist mein absolutes Lieblingsbrot. Wenn ich früher meine Oma besuchte, bat ich sie immer als Erstes, für mich Mefrok zu backen. Und während meines Studiums nahm ich es in Alufolie eingepackt mit zur Uni. Sie können Mefrok zu herzhaften Speisen servieren oder es mit etwas Süßem bestreichen, wie Butter und Konfitüre. (Siehe das Foto auf Seite 66; Mefrok ist das zusammengeklappte Brot.)

Für 8–10 Stück

- 350 g Weizenmehl Type 550
- 125 g Grießmehl (Semola di Grano Duro)
- 2 TL Salz
- 275 ml Wasser

Zum Ausrollen

- 55 g Grießmehl (Semola di Grano Duro)
- 100 ml Olivenöl

Statt des Olivenöls können Sie auch andere Pflanzenöle verwenden. Manche nehmen flüssige Butter, aber ich bevorzuge Öl.

Für den Teig das Weizenmehl, das Grießmehl und das Salz auf eine saubere Arbeitsfläche sieben und mit den Händen verteilen. Dann nach und nach das Wasser hinzufügen und alles zu einem Teig verarbeiten, der nicht an den Händen klebt. Falls er das tut, noch etwas Mehl unterarbeiten. Den Teig 15 Minuten mit den Handflächen verkneten, bis er glatt und elastisch ist (nur wenn er elastisch ist, lässt er sich gut formen). Die Hände mit Öl einfetten und die Teigkugel leicht damit einreiben. Mit einem feuchten Küchentuch abdecken und den Teig 15 Minuten ruhen lassen.

Den Teig in zwei Stücke teilen. In jedes Stück mit zwei Händen hineinkneifen, sodass an der Oberseite ein Teigball entsteht. (Er ähnelt einem Ballon, der einem aus den Händen gleitet.) Dieses Stück abtrennen und zu einem schönen runden Bällchen formen. Das Teigbällchen auf ein mit Backpapier ausgelegtes Backblech legen. Den restlichen Teig ebenso verarbeiten, dabei auf dem Backblech ausreichend Abstand zwischen den Bällchen lassen. Die Teigbällchen leicht mit Öl einpinseln, mit einem feuchten Küchentuch abdecken und 10 Minuten ruhen lassen. Die Pfanne vorbereiten. In Marokko haben wir dafür eine spezielle Pfanne, aber mit einer normalen gelingt es auch.

Die Arbeitsfläche mit wenig Olivenöl bestreichen und mit etwas Grießmehl bestreuen, damit der Teig nicht klebt. Ein Teigbällchen auf die Arbeitsfläche legen und mit den Händen aus der Mitte heraus zu einem runden, dünnen Fladen drücken (etwa in der Größe der Pfanne). Den Fladen leicht mit Öl einpinseln und mit etwas Grießmehl bestreuen. Ein zweites Teigbällchen auflegen und auch dieses wieder zu einem dünnen Fladen ausdrücken. Wiederum leicht einfetten, mit Grießmehl bestreuen und mit einem dritten Teigbällchen genauso verfahren. Meine Oma machte Mefrok aus bestimmt sieben Lagen, herrlich! Die übrigen Teigbällchen genauso verarbeiten.

In der Pfanne etwas Öl auf mittlere Temperatur erhitzen. Den Stapel der Teigfladen mit beiden Händen hochheben und in die Pfanne legen. Das Mefrok backen, bis es an der Unterseite braun ist, die Oberseite mit etwas Öl bestreichen und das Mefrok wenden. Es darf dunkelbraun werden, sollte aber nicht anbrennen.

MÜSLIBROT

Da ich jeden Tag Brot esse (mein Geist und mein Magen brauchen es einfach), backe ich auch gern Haferbrot. Es ist gesünder und eine gute Alternative zu normalem Weizenbrot. Zudem ist es wunderbar kross, aber dennoch fest und einfach in der Zubereitung.

Haferbrot hat einen neutralen Geschmack, sodass es zu wirklich allen Mahlzeiten passt. Es ist außen knusprig und innen weich, und es krümelt nicht. Es enthält keine Hefe und keinen Zucker. Es ist glutenfrei und vegan und gut für die Verdauung. So fügen Sie Ihrer Mahlzeit auf einfache Weise Ballaststoffe hinzu, die nahrhaft sind und satt machen.

Sie können das Brot so essen oder rösten. Zum Backen eignen sich Backofen oder eine Pfanne. Im Kühlschrank hält sich dieses Müslibrot 10 Tage und im Gefrierfach etwa 1 Monat.

Für 1 Brot

500 g Haferflocken zzgl. 1 EL extra
1 ½ TL Meersalz
300 ml zimmerwarmes Wasser
30 ml Olivenöl plus 15 ml zum Ausbacken

Im Standmixer 500 g Haferflocken mit der Pulse-Funktion fein vermahlen. Dieses Hafermehl in einer Schüssel mit dem Salz vermischen. Das Wasser und 30 ml Olivenöl angießen und alles in einigen Minuten zu einem glatten und kompakten Teig verkneten.

Eine Pfanne auf mittlere Temperatur erhitzen. Dann 1 EL Haferflocken und 15 ml Olivenöl hinzufügen und gut auf dem Pfannenboden verteilen. Den Teig in die Pfanne legen und mit den Fingern auseinanderdrücken.

Das Brot in dem Olivenöl ausbacken, dabei alle paar Minuten mithilfe eines Deckels wenden, sodass beide Seiten knusprig werden. Das Brot sollte von innen nicht zu trocken werden.

Möchten Sie das Brot im Backofen backen? Dann den Backofen auf 150 °C vorheizen. Den Teig in eine runde Backform legen und im vorgeheizten Backofen in etwa 45 Minuten goldbraun backen.

WARKA

Die Warka ist eine der am häufigsten verwendeten Teigarten in der marokkanischen Küche. Wir verwenden sie für Bastillas, Desserts und andere Rezepte.

Für die Zubereitung von Warkas braucht es Geduld. Deshalb wird der Teig auch immer von jemandem zubereitet, der ganz darin aufgeht und den Teig hingebungsvoll und entspannt verarbeitet. Es ist einfach pure Magie, zu sehen, wie eine Frau auf einem Metallteller den Teig zubereitet und er dann so dünn wie Papier wird. Es ist die Arbeit von echten Künstlerinnen (und Künstlern)!

Wollen Sie sich nicht so recht an die eigene Zubereitung wagen? Kein Problem, dann nehmen Sie einfach normalen Filoteig. Der schmeckt natürlich lange nicht so gut wie frische Warka.

Für 15–25 Warka-Blätter

125 g glutenreiches Weizenmehl Type 1050 (z. B. aus Durumweizen)
40 g Weizenmehl Type 550 oder feiner Weizengrieß (Semola di Grano Duro)
1 TL Salz
2 EL Olivenöl
80 ml Wasser
3 EL flüssige Butter

Außerdem
(Warka-)Kupferpfanne oder Pfanne mit Antihaftbeschichtung

Die zwei Mehlsorten (oder das Weizenmehl und den Weizengrieß) in einer Schüssel gründlich mischen. Das Salz, das Olivenöl und das Wasser hinzufügen und alles gut verrühren. Die Schüssel mit einem Deckel oder einem Teller verschließen und den Teig 5 Stunden im Kühlschrank ruhen lassen.

In einem Topf etwas Wasser erhitzen. Die Warka-Pfanne oder die Pfanne auf dieses Wasserbad stellen. Der Wasserdampf sorgt dafür, dass die Warka gut gart.

Mit einem Pinsel eine dünne Schicht Teig in der heißen Pfanne verteilen und einige Minuten backen. Die Warka mit den Fingern vorsichtig vom Pfannenboden lösen. Die restlichen dünnen Warkablätter auf die gleiche Weise backen.

Die frisch gebackenen Warkas sind 3–4 Tage haltbar.

BRIWAT UND BASTILLAS

Mit Warka lassen sich beispielsweise zigarrenförmige oder dreieckige Briwats oder Mini-Bastillas zubereiten.

Warka-Blätter
Füllung nach Belieben (vegetarisch, Hähnchen usw.)
1 Eigelb
flüssige Butter zum Bestreichen
Pflanzenöl zum Frittieren oder Butter zum Backen

Für die Röllchen
Die Warka-Blätter in Halbkreise oder Quadrate schneiden. 1 EL Füllung auf dem geraden unteren Rand jedes Warka-Blattes verteilen, dabei einen 0,5 cm breiten Rand frei lassen. Die Warka von der Unterseite fest über die Füllung klappen und die Seitenränder nach innen einschlagen. Das Blatt nun fest aufrollen. Das Eigelb verquirlen. Die Ränder damit bestreichen und gut andrücken.

Für die Dreiecke
Etwa 5 cm breite Streifen aus den Warka-Blättern schneiden. Bei runden Warka-Blättern zunächst die Blätter halbieren und dann die runde Oberseite abschneiden. Die beiden Hälften aufrollen und in 5 cm breite Stücke schneiden. Einen Streifen mit der kurzen Seite nach vorn auf die Arbeitsfläche legen. Auf die linke Ecke am unteren Rand 1 EL Füllung geben. Diese Ecke mit der Füllung zum rechten Rand des Streifens klappen, sodass ein Dreieck entsteht. Anschließend die rechte Ecke nach links klappen und weiterfalten, bis das obere Ende des Streifens erreicht ist. Den Rand mit verquirltem Eigelb bestreichen und gut andrücken. Den restlichen Teig eventuell abschneiden oder zuschneiden.

Für Mini-Bastillas
Zunächst 2 kleine Warka-Blätter in ein Auflaufförmchen legen, dabei den Teig über die Ränder hängen lassen. Mit einer Füllung nach Wahl füllen. Die Ränder der Warka-Blätter zur Mitte des Förmchens klappen. Die Ränder mit verquirltem Eigelb bestreichen, damit sie schließen. Ein drittes Warka-Blatt über das Förmchen legen. Das Förmchen mit den Blättern umdrehen und die Teigtaschen vorsichtig herausnehmen. Die Ränder des dritten Warka-Blatts mit Eigelb bestreichen und zur Mitte klappen. Die Warka gut verschließen und eventuell noch mit Eigelb bestreichen.

Briwats und Bastillas backen oder frittieren
Die Briwats lassen sich nach Belieben in Öl frittieren oder im Backofen backen. Bastillas werden am besten im Backofen gebacken.

Frittieren
Das Pflanzenöl in einem hohen Topf erhitzen. Die Briwats darin rundum goldbraun frittieren, dann mit einem Schaumlöffel aus dem Topf heben und auf Küchenpapier abtropfen lassen.

Backofen
Den Backofen auf 180 °C vorheizen. Die Briwats oder Bastillas mit zerlassener Butter bestreichen und im vorgeheizten Backofen etwa 8 Minuten backen, bis sie knusprig und goldbraun sind. Sofort servieren.

WARKA-WELLEN

Dieses Gericht ist eine Hommage an Asien, eine Ehrerweisung für alles, was die Asiaten uns gebracht haben. Es ist eine Waffel, die Länder und Kulturen verbindet und bei Nur zum Willkommensgruß avanciert ist.

Für 4 Stück, zum Teilen

- 4 frisch gebackene Warka-Blätter
- 40 g Forellenrogen (Fischeier)
- je 4 EL rote und pinkfarbene Maiskörner
- 8 EL Guacamole (siehe Seite 256)
- 8 EL Schwarzes Olivenpüree (siehe Seite 255)
- 1 EL Korianderblätter
- 1 EL glatte Petersilienblätter
- 1 EL Walnusskerne, halbiert

Den Backofen auf 180 °C vorheizen.

Zuerst 6 Blätter Aluminiumfolie auf die Länge der Warka-Blätter zuschneiden. Die Alublätter der Länge nach zu »Röllchen« zusammendrücken. Diese Aluröllchen in gleichmäßigen Abständen nebeneinander auf ein mit Backpapier bedecktes Backblech legen. Das erste Warka-Blatt über die Aluröllchen legen und 5 Minuten im Backofen backen. Das wellenförmig gebackene Warka-Blatt von den Aluröllchen nehmen und abkühlen lassen. Die restlichen Blätter auf die gleiche Weise backen.

Die Wellen mit Forellenrogen, roten und pinkfarbenen Maiskörnern, Guacamole und Olivenpüree garnieren und mit Koriander- und Petersilienblättern sowie den Walnusskernen bestreuen.

BAGHRIR

Diese Pfannkuchen habe ich als Kind immer zum Frühstück gegessen. Meine Großmutter backte sie für uns. Wir wurden von dem himmlischen Duft geweckt und liefen für frische Milch als Erstes zu unserer Kuh.

Baghrir wirken schwammartig und werden mit Grießmehl zubereitet. Die Löcher entstehen durch die Luft, das gibt dem Pfannkuchen Pep. Mehr als die folgende Anleitung brauchen Sie nicht für die Zubereitung. Die Löcher können Sie gern mit etwas Süßem füllen, etwa Honig oder Erdnussbutter.

Für ca. 8 Stück

125 g feiner Weizengrieß (Semola di Grano Duro)
75 g Weizenmehl Type 550
1 TL Salz
1 ½ TL Trockenhefe
2 EL flüssiger Honig
2 EL Zitronensaft
2 EL Olivenöl
275 ml warmes Wasser

In einer Schüssel oder in der Küchenmaschine den Weizengrieß, das Weizenmehl, das Salz, die Hefe, den Honig und den Zitronensaft mischen. Unter stetigem Rühren das Olivenöl langsam hineinlaufen lassen. Dann nach und nach das Wasser dazugießen und alles zu einem glatten Pfannenkuchenteig verarbeiten. Der Teig sollte so dünnflüssig sein wie Crêpe-Teig. Die Schüssel mit einem feuchten Küchentuch abdecken und den Teig bei Zimmertemperatur mindestens 40 Minuten gehen lassen.

Zum Backen der wunderbaren Baghrir eine Pfanne mit Antihaftbeschichtung verwenden. Diese Pfanne auf mittlere Temperatur erhitzen. Den Teig vor dem Backen mit dem Schneebesen kräftig durchrühren, damit er schön luftig wird. Eine Schöpfkelle Teig in die Mitte der Pfanne geben und gleichmäßig verteilen. (Ganz nach Belieben dünnere oder dickere Pfannkuchen backen, also weniger oder mehr Teig in die Pfanne geben.) Dabei darauf achten, dass der Boden vollständig bedeckt ist. Langsam bilden sich kleine Löcher an der Teigoberfläche: Das Brot spricht zu Ihnen, es atmet und überall bilden sich weitere kleine Löcher. Warten, bis der Teig an der Oberseite trocken ist.

Ganz wichtig! Diese Pfannkuchen müssen nicht gewendet werden, sie backen nur auf einer Seite. Den fertig gebackenen Pfannkuchen auf ein Küchentuch, einen großen Teller oder eine Platte gleiten lassen, damit er seine flache Form behält.

Die restlichen Pfannkuchen ebenso backen, bis der Teig verbraucht ist. Zum Abkühlen nebeneinander- nicht aufeinanderlegen.

Baghrir schmeckt einfach großartig zu frittiertem Hähnchen, Apfelsirup, Erdnussbutter, Konfitüre, Nuss-Nougat-Creme, einfach zu allem, was Sie gern mögen. Ich selbst esse ihn am liebsten mit etwas Olivenöl und genieße dazu ein Glas frischen Minztee.

SALATE

ZITRUS-BETE-SALAT

Zitrusfrüchte regen die Geschmacksknospen an und Rote Beten enthalten viel Eisen. Dieser magische marokkanische Salat gibt Ihnen also beides.

Ich mag es nicht, Rote Beten zu kochen, deshalb wickle ich sie in Folie und röste sie im Backofen, einfach pur, ohne alles. In Fez bringen wir die Knollen in die öffentlichen Backstuben und dadurch bekommt das Gemüse den speziellen Geschmack der Medina. (Die alten Privathäuser in der Medina von Fez haben keine Backöfen, darum bringen die Frauen ihren zu Hause vorbereiteten Teig in die Backstuben.)

3 mittelgroße Rote Beten
4 Karotten
4 Grapefruits
2 Zitronen
2 Orangen
1 Limette
4 EL Olivenöl
2 EL flüssiger Honig
2 EL Apfelessig
Meersalz (nach Belieben)
½ EL frisch gemahlener weißer Pfeffer

Rucola, Pistazien- oder Walnusskerne, zum Garnieren

Den Backofen auf 180 °C vorheizen. Die Roten Beten und die Karotten fest in Aluminiumfolie wickeln und in den vorgeheizten Backofen legen. Die Karotten 20 Minuten rösten. Die Roten Beten 1 weitere Stunde rösten. (Oder länger, bis sie gar sind.) Das gare Gemüse aus dem Backofen nehmen, aus der Folie wickeln und abkühlen lassen.

Mit einem scharfen Messer die Schale der Zitrusfrüchte abschälen und alle weißen Schalenbestandteile (Mesokarp) entfernen. Über einer Schüssel die Zitrusfilets zwischen den einzelnen Trennhäuten herausschneiden. Dabei den Saft auffangen und für das Dressing verwenden.

Die Roten Beten schälen und in Scheiben oder Würfel schneiden.

Für das Dressing in einer Schüssel den aufgefangenen Zitrussaft, das Olivenöl, den Honig, den Apfelessig, das Salz und den Pfeffer verrühren.

Die Karotten, die Roten Beten und die Zitrusfilets auf einem großen Teller oder in einer flachen Schale anrichten. Nach Belieben mit Rucola, Pistazien oder Walnüssen garnieren. Mit der Vinaigrette servieren. Guten Appetit!

ZALOUK

Dies ist ein Rezept voller Magie: Es wird im Gebirge über Holzfeuern von Einheimischen zubereitet, die zeitlebens nie in einem Restaurant gegessen haben, die aber die allerköstlichsten Zalouks zubereiten können. Auf diese natürliche Art geröstet und gegrillt, kommt diese himmlische Zutat, die Aubergine, am besten zu ihrem Recht. In diesem Rezept lernen Sie, dass nichts verpflichtend ist: Sie können es nach Lust und Laune abwandeln. Lassen Sie die Zwiebeln weg oder geben Sie noch zusätzlich Cayennepfeffer hinzu, um das Zalouk noch schärfer zu würzen. Die Basis bildet die Aubergine. Wenn es Ihnen gelingt, diese so zu rösten und zu häuten, wie ich es Ihnen erkläre, dann bekommen Sie eine einzigartige, cremige und schneeweiße Zutat. Beträufeln Sie sie mit einem Tropfen Olivenöl, servieren Sie dazu ein Stück Brot und ein Glas Wein und genießen Sie den besten Moment des Tages. Es ist eine einfache Mahlzeit, aber sie ist unglaublich köstlich.

4 Auberginen
400 g Tomaten
2 Zwiebeln
2 Knoblauchzehen
100 ml Olivenöl plus etwas mehr zum Beträufeln
½ EL flüssiger Honig
2 TL gemahlener Kreuzkümmel
½ EL (geräuchertes) Paprikapulver
1 TL Cayennepfeffer
1 TL weiße Pfefferkörner, gemahlen
1–2 TL Salz
½ EL fein gehackter Koriander
4 EL Zitronensaft

Die Auberginen unter den Backofengrill oder auf den Grill legen. Zwischendurch immer wieder wenden und in 10–15 Minuten rundherum schwarz werden lassen.

In der Zwischenzeit die Tomaten in grobe Stücke schneiden. Die Zwiebeln und den Knoblauch schälen und klein hacken. Das Olivenöl in einem Topf erhitzen. Bei geringer Temperatur die Tomaten, die Zwiebeln und den Knoblauch anbraten. Das Gemüse mit dem Honig, dem Kreuzkümmel, dem Paprikapulver, dem Cayennepfeffer, dem weißen Pfeffer und etwas Salz würzen und 5 Minuten schmoren. Dabei immer wieder mit einem Holzlöffel umrühren.

Die Auberginen vom Grill nehmen und in einen Frischhaltebeutel legen. Sobald sie etwas abgekühlt sind, herausnehmen und vorsichtig die verbrannte Haut abziehen. Die gehäuteten Auberginen mit einem scharfen Messer waagerecht zunächst in Scheiben, diese dann in große Würfel schneiden. Das Fruchtfleisch nicht zerstampfen, es sollen Würfel bleiben.

Die Auberginenwürfel zu der gebratenen Tomaten-Zwiebel-Mischung in den Topf geben, umrühren und etwa 5 Minuten leicht köcheln lassen, bis die Flüssigkeit verdampft ist und das Zalouk sämig ist. Zwischendurch immer wieder umrühren. Dabei darauf achten, dass die Würfel nicht zerfallen. Die Temperatur erhöhen und den Koriander in das Zalouk rühren – er gibt dem Zalouk etwas Würze. Zum Schluss den Zitronensaft hineinrühren. Das Püree auf einem Teller oder in einer Schale anrichten und abkühlen lassen. Zalouk wird kalt gegessen.

Vor dem Servieren mit etwas Olivenöl beträufeln. So bekommt das Zalouk etwas Glanz und Sie schmecken als Erstes das fruchtige Öl.

BLUMENKOHL-ZALOUK

1 mittelgroßer Blumenkohl
1 Msp. Salz
4 große Knoblauchzehen
2 EL Olivenöl
1 TL Paprikapulver
1 TL gemahlener Kreuzkümmel
1 EL fein gehackte glatte Petersilie
1 EL fein gehackter Koriander plus etwas mehr zum Garnieren
Salz
frisch gemahlener schwarzer Pfeffer (nach Belieben)
1 Zitrone

Den Blumenkohl in mittelgroße Röschen teilen und diese in einen Topf mit Wasser legen. Etwas Salz hinzufügen und das Wasser aufkochen. Den Blumenkohl bei starker Hitze sehr weich garen. Den Blumenkohl abgießen, abtropfem lassen, in eine große Schüssel geben und zu einem weichen Püree zerstampfen.

Den Knoblauch schälen und fein hacken. Das Olivenöl in einer tiefen Pfanne erhitzen. Den Knoblauch 2 Minuten darin anbraten. Das Blumenkohlpüree in die Pfanne geben und mit dem Paprikapulver, dem Kreuzkümmel, der gehackten Petersilie, dem gehackten Koriander sowie etwas Salz und Pfeffer würzen. Alles gut umrühren. Das Püree unter stetigem Rühren etwa 10 Minuten leicht köcheln lassen, bis alle Flüssigkeit verdampft ist. Nach Belieben noch Kräuter und Gewürze hinzufügen.

Das Blumenkohlpüree mit dem restlichen fein gehackten Koriander garnieren und mit dem frisch gepressten Saft der Zitrone beträufeln. Dazu knusprig frisches Brot servieren.

AUBERGINEN MIT CHERMOULA

2 Auberginen
1 TL Salz
6 Knoblauchzehen
1 EL mildes geräuchertes Paprikapulver
1 EL scharfes geräuchertes Paprikapulver (Pimentón de la Vera dulce)
1 EL fein gehacktes Fenchelgrün
1 EL fein gehackter Koriander
1 EL fein gehackte glatte Petersilie
2 EL Zitronensaft
150–200 ml Olivenöl
1 Zwiebel
1 Tomate
5 EL Chermoula (siehe Seite 255)

Die Auberginen in breite Scheiben schneiden und von beiden Seiten mit Salz bestreuen. Die Auberginenscheiben in eine Schale oder auf einen Teller legen und mit Küchenpapier oder einem sauberen Küchentuch bedecken. Alles mit einer Pfanne oder einem anderen Gewicht beschweren, damit die Flüssigkeit austritt.

Den Backofen auf 250 °C vorheizen.

Den Knoblauch schälen und sehr fein hacken. Den Knoblauch mit dem milden und dem scharfen Paprikapulver, dem Fenchelgrün, dem Koriander, der Petersilie und dem Zitronensaft in eine Schüssel geben und verrühren.

Die Auberginenscheiben trocken tupfen, mit 1 EL Olivenöl bestreichen und im vorgeheizten Backofen 25–30 Minuten garen, bis sie braun werden. In der Zwischenzeit die Chermoula (siehe Seite 255) zubereiten.

Das restliche Olivenöl in einer tiefen Pfanne erhitzen. Die Auberginenscheiben darin goldbraun ausbraten, dann mit einem Schaumlöffel herausheben und auf Küchenpapier abtropfen lassen.

Die Zwiebel schälen und in feine Würfel schneiden. Die Tomate ebenfalls in feine Würfel schneiden. Die Chermoula mit der Knoblauch-Kräuter-Mischung verrühren und 1 EL der Mischung auf jede Auberginenscheibe geben. Mit Tomate und Zwiebel garnieren.

PAPRIKASALAT

Dieser köstliche Paprikasalat ist zwar zeitaufwendig in der Zubereitung, aber die Mühe lohnt sich. In meiner Heimat spielt Paprika eine große Rolle. In viele Gerichte kommt Paprikapulver und wir verwenden gegrillte Paprika unter anderem in Chermoula oder Zalouk … Paprika gehört einfach überall hinein.

2 rote Paprikaschoten
4 Knoblauchzehen
100 ml natives Olivenöl extra
1 Msp. Salz
frisch gemahlener schwarzer Pfeffer
1 Msp. Rohrzucker
1 TL Wasser

Die Paprikaschoten halbieren und von allen Samen und Scheidewänden befreien. Die Paprikahälften unter den Backofengrill oder auf den Grill legen, bis die Haut schwarz wird. Die gegrillten Paprikahälften in einem Frischhaltebeutel abkühlen lassen. Die abgekühlten Paprikaschoten häuten.

Die Knoblauchzehen schälen und fein hacken. Das Olivenöl in einer Pfanne erhitzen. Den Knoblauch darin farblos anbraten. Die Paprikastücke hineingeben und mit Salz und Zucker würzen, dann 6 Minuten schmoren. Das Wasser angießen, damit der Salat etwas Feuchtigkeit bekommt. Kurz erhitzen und dann lauwarm servieren.

SPINAT

400 g frischer Spinat, geputzt und verlesen
6 Knoblauchzehen
2 Zwiebeln
50 ml Olivenöl
1 Msp. Salz und frisch gemahlener schwarzer Pfeffer
1 Msp. gemahlener Kreuzkümmel
Saft von 1 Zitrone

Außerdem
Eiswasser

In einem Topf reichlich Wasser zum Kochen bringen. Den Spinat kurz darin blanchieren, dann mit einem Schaumlöffel aus dem Topf schöpfen und zum Abschrecken in eine Schüssel mit Eiswasser geben. Den Spinat in einem Sieb abtropfen lassen und möglichst viel Wasser herausdrücken, dann mit Küchenpapier trocken tupfen. Den Spinat sehr fein hacken.

Den Knoblauch und die Zwiebeln schälen und fein hacken. Das Olivenöl in einer Pfanne erhitzen. Den Knoblauch und Zwiebel darin glasig braten. Den Spinat hinzufügen und etwa 30 Sekunden mitgaren, dann mit Salz, Pfeffer und Kreuzkümmel würzen. Den Topf vom Herd nehmen und den Spinat mit dem Saft der Zitrone beträufeln.

SPINATNOCKEN

1 l Wasser
500 g frischer Spinat, geputzt und verlesen
6 Knoblauchzehen
2 Zwiebeln
50 ml Olivenöl
1 Msp. Salz
frisch gemahlener schwarzer Pfeffer

Außerdem
Eiswasser

In einem großen Topf das Wasser aufkochen. Den Spinat 30–60 Sekunden darin blanchieren, dann mit einem Schaumlöffel aus dem Topf schöpfen und zum Abschrecken in eine Schüssel mit Eiswasser geben. Den Spinat in einem Sieb abtropfen lassen.

Den Knoblauch und die Zwiebeln schälen und fein hacken. Das Olivenöl in einer Pfanne erhitzen. Den Knoblauch, die Zwiebeln und den Spinat darin leicht anschwitzen. (Dabei sollte der Spinat nicht zu stark zusammenfallen.) Den Spinat mit Salz, Pfeffer und Kreuzkümmel würzen, dann abkühlen lassen und kleine Nocken daraus formen.

SUPPEN

WASSERMELONEN-GAZPACHO

Eines der Gerichte, die ich an einem schönen Sommertag am liebsten zusammen mit Familie und Freunden esse, ist ein eiskalter Wassermelonen-Gazpacho. Ich mag es, wenn die Wassermelonen gefroren sind (bei den Tomaten ist das nicht nötig) und ich gebe gern frische scharfe Zwiebel und Sprudelwasser hinzu. Ideal, um den Gazpacho zu genießen.

1,5 kg Wassermelonenfruchtfleisch
600 g Tomaten
2 Zwiebeln
2 kleine Jalapeño-Chilischoten
½ rote Paprikaschote
½ Salatgurke
15 g frischer Koriander
125 ml Apfelessig
2 EL Olivenöl
1 TL Meersalz
500 g Sprudelwasser

Das Fruchtfleisch der Wassermelone in Stücke schneiden und diese mindestens über Nacht ins Gefrierfach legen.

Die Tomaten halbieren. Die Zwiebeln schälen und klein schneiden. Die Chilis entkernen. Die Paprika putzen, entkernen, von allen Scheidewänden befreien und in grobe Stücke schneiden. Die Gurke in große Stücke schneiden. Den Koriander fein hacken und etwas zum Garnieren beiseitelegen.

Alle Zutaten mit Ausnahme des Sprudelwassers im Standmixer zu einem sämigen Gazpacho pürieren. Das Sprudelwasser kurz vor dem Servieren angießen und mit einem Löffel umrühren, sodass die Bläschen bleiben.

Mit Koriander und/oder eingelegten Radieschen (siehe Seite 36) garnieren.

BISSARA

- 400 g getrocknete, geschälte dicke Bohnenkerne (Favabohnenkerne), über Nacht in Wasser eingeweicht*
- 3 große Knoblauchzehen
- 1,5 l kaltes Wasser
- 1 EL Olivenöl plus etwas mehr zum Beträufeln
- 1 TL gemahlener Kreuzkümmel plus etwas mehr zum Garnieren
- 1 TL geräuchertes Paprikapulver (Pimentón de la Vera dulce) plus etwas zum Garnieren
- 1 TL Salz
- 1 Zitrone (nach Belieben)

Die eingeweichten Bohnenkerne abgießen. Den Knoblauch schälen und zusammen mit den Bohnenkerne und dem kalten Wasser in einen großen Topf geben.

Das Wasser zum Kochen bringen und die Bohnenkerne bei mittlerer Temperatur 50 Minuten weich garen. Den Deckel dabei halb auf den Topf legen, damit das Wasser nicht überkocht. Dabei immer wieder den Schaum abschöpfen.

Die weich gegarten Bohnenkerne und den Knoblauch mit dem Rücken eines Schöpflöffels zu einem Püree verarbeiten oder im Standmixer fein pürieren. Die Bissara mit dem Olivenöl, dem Kreuzkümmel, dem Paprikapulver und dem Salz würzen. Die Bissara lässt sich dick- oder dünnsämig zubereiten – für eine dünnflüssigere Suppe noch zusätzlich Wasser angießen. Soll die Suppe dicksämig werden, einfach weniger Wasser verwenden.

Die Bissara in einer Schüssel mit einigen Tropfen Olivenöl anrichten und zusätzlich mit etwas Kreuzkümmel und Paprikapulver bestreuen. Nach Belieben den Zitronensaft dazu servieren.

* Sie finden keine dicken Bohnenkerne oder Favabohnenkerne, aber stattdessen ganze Bohnen? Dann die Bohnen 5–10 Minuten in Wasser garen und schälen. Die Bohnenkerne anschließend über Nacht trocknen lassen. Statt der getrockneten dicken Bohnenkerne können Sie auch gelbe oder grüne Schälerbsen verwenden. Diese müssen Sie (meistens) vorher nicht einweichen.

MODERNE BISSARA MIT MARINIERTER MAKRELE

Auf dem Foto ist eine moderne Variante der Bissara zu sehen, so wie wir sie im Nur servieren. Die traditionelle Bissara bildet die Grundlage und darauf richten wir ein Stück marinierte Makrele (siehe Rezept hier) und eine Safran-Tuile (siehe Seite 256) an. Zum Schluss garnieren wir die Suppe mit roten Pfefferbeeren.

Für die marinierte Makrele

2 Knoblauchzehen
1 Zwiebel
3 Karotten
½ Knolle Fenchel
125 ml natives Olivenöl extra
2 frische Lorbeerblätter
2 TL Koriandersamen
1 TL Rohrzucker
200 ml weißer Essig
Saft und Schale von 1 Bio-Orange
Saft und Schale von 1 Bio-Zitrone
5 kleine frische küchenfertige Makrelen- oder Heringsfilets, mit Haut (bitten Sie Ihren Fischhändler darum, 300–500 g insgesamt)
1 Msp. Salz
frisch gemahlener schwarzer Pfeffer

Den Knoblauch schälen und fein hacken. Die Zwiebel und bei Bedarf auch die Karotten schälen. Die Zwiebel in Ringe schneiden. Den Fenchel und die Karotten in Scheiben schneiden.

Den Backofen auf 180 °C vorheizen.

Das Olivenöl in einem großen Topf auf mittlere Temperatur erhitzen. Die Zwiebel, den Knoblauch, die Karotten, den Fenchel, die Lorbeerblätter, den Koriander und den Zucker hinzufügen und das Gemüse bei starker Hitze 5 Minuten anbraten. Den Essig, den Saft und den Schalenabrieb der Orange und der Zitrone hinzufügen und aufkochen. Die Temperatur reduzieren und diese Marinade 5 Minuten sanft köcheln lassen. Den Topf vom Herd nehmen.

Die Fischfilets mit der Hautseite nach oben in eine Auflaufform legen, mit der Marinade übergießen und 4 Minuten im vorgeheizten Backofen garen.

Den Fisch warm oder kalt servieren.

HARIRA

25 g braune Linsen
25 g Kichererbsen
4 Tomaten
2 Zwiebeln
4 Knoblauchzehen
6 EL Olivenöl
50 g Rindfleisch, in Stücke geschnitten (z. B. Suppenfleisch)
3 EL fein gehackte glatte Petersilie
3 EL fein gehackter Koriander
3 EL fein gehacktes Sellerieblatt
1 ½ EL gemahlener Ingwer
1 ½ EL gemahlene Kurkuma
1 EL Salz
1 1/1 EL frisch gemahlener schwarzer Pfeffer
3 EL Tomatenmark
4 EL Weizenmehl Type 405
1,5 l Wasser
1 Zitrone
Koriander, glatte Petersilie und Selleriegrün zum Garnieren

Die Linsen und Kichererbsen in separate Schüsseln geben, mit Wasser bedecken und über Nacht einweichen lassen. Die eingeweichten Kichererbsen am Folgetag schälen, die Schale lässt sich nun einfach lösen.

Die ganzen Tomaten auf einer Küchenreibe klein reiben. Die Zwiebeln und den Knoblauch schälen und fein hacken. Das Olivenöl in einem großen Topf erhitzen. Die Zwiebeln darin bei geringer Temperatur farblos anschwitzen. Dann den Knoblauch und das Fleisch hinzufügen und das Fleisch von allen Seiten braun anbraten. Anschließend 25 ml Wasser und die geriebenen Tomaten hinzufügen und die Suppe mit der Petersilie, dem Koriander, dem Sellerie, dem Ingwer, der Kurkuma, dem Salz und dem Pfeffer würzen. Alles gut umrühren und 4 Minuten köcheln lassen.

Dann 1,5 l Wasser angießen und aufkochen lassen. Die Kichererbsen hinzufügen und die Suppe 15 Minuten im geschlossenem Topf köcheln lassen. Anschließend die Linsen untermischen und die Suppe weitere 15 Minuten im geschlossenem Topf köcheln lassen.

In einer kleinen Schüssel das Tomatenmark mit etwas Suppe anrühren und in die Harira geben. Alles weitere 10 Minuten köcheln lassen.

Die Harira muss nun dicksämig werden: In einer kleinen Schüssel das Mehl mit wenig Suppe anrühren und in die Harira geben. Die Harira bei geringer Temperatur 20 Minuten köcheln lassen.

Die Harira mit Koriander-, Petersilien- und Sellerieblättern garnieren.

Meine Oma hatte die Angewohnheit, immer kurz vor dem Servieren ein Ei in die Harira rühren. Ich richte immer ein wenig Zitrone dazu an, die nach Belieben kurz vor dem Essen über die Suppe geträufelt wird.

Kalte Karotten-Orangen-Suppe

4 Karotten
1250 ml frisch gepresster Orangensaft (von 10–12 Orangen)
1 Eiswürfel
2 TL fein gehackter frischer Ingwer
250 ml frisch gepresster Zitronensaft (von ca. 5 Zitronen)
1 Msp. Salz
8 Minzeblätter
1 EL Korianderblätter
weiße Sesamsaat zum Bestreuen

Die Karotten schälen und zusammen mit dem Zitronensaft und dem Eiswürfel im Standmixer fein zerkleinern. (Durch das Eis verfärbt sich die Suppe nicht, wenn der Motor des Mixers warm wird.) Den Ingwer und den Zitronensaft untermischen und mit Salz würzen. Die Suppe im Kühlschrank aufbewahren.

Ein Stück Frischhaltefolie über eine Tasse oder eine kleine Schale spannen. Die Folie mit Olivenöl einpinseln. Die Minze- und Korianderblättter ebenfalls mit Öl einpinseln und auf die Frischhaltefolie »kleben«, und zwar mit der Oberseite nach unten, Blattadern nach oben. Die Blätter so in der Mikrowelle 20 Minuten trocknen und knusprig werden lassen.

Die Suppe in Schalen anrichten und mit den getrockneten Kräuterblättern und etwas Sesamsaat bestreuen.

Wenn die Suppe mehr Schärfe bekommen soll, einfach etwas Chili oder Chilipulver hinzufügen.

ARTISCHOCKENBRÜHE MIT FISCHLEBER

Für diese Suppe müssen Sie drei verschiedene Komponenten zubereiten: Gemüsebrühe, Artischocken und Fischleber.

Für 1 Liter

2 Zwiebeln
3 Karotten
3 Stangen Staudensellerie
3 Zweige Thymian
2 Lorbeerblätter
1 Zweig glatte Petersilie
2 TL schwarze Pfefferkörner
1 l Wasser

Außerdem.
1 Stück Käseleinen

Gemüsebrühe

Wenn Sie einmal Gemüsebrühe selbst zubereitet haben, werden Sie sich fragen, warum Sie diese bisher immer gekauft haben: Es ist supereinfach, sie selbst zu kochen! Sie können die Brühe außerdem prima in Schraubgläsern im Kühlschrank aufbewahren oder einfrieren, sodass Sie immer Brühe auf Vorrat haben.

Das sind meine Tipps für das beste Gemüse zum Kochen von Brühe: Zwiebeln, Karotten, Pilze, Staudensellerie, Lauch, Tomaten und Pastinaken. Sie können alle Sorten verwenden oder nur ein Gemüse nach Wahl: Nehmen Sie einfach, was Sie gerade im Haus haben, auch die Reste. Selbst Schalen und Samen oder Ähnliches kommen in die Brühe. Haben Sie noch Reste vom Lauchgrün? Perfekt für die Brühe! Achten Sie auf das richtige Verhältnis, also nicht 1 Karotte und 30 Pastinaken, sondern in etwa die gleichen Mengen (nach Gewicht). Noch intensiver wird die Brühe, wenn Sie das Gemüse zuerst im Backofen rösten (etwa 6 Minuten bei 200 °C).

Was die Kräuter angeht: Thymian, glatte Petersilie und Lorberblätter passen immer in eine Brühe.

Sie müssen das Gemüse nicht einmal schälen, sondern nur gründlich waschen, damit keine Erde in der Brühe ist. Das Gemüse in einen hohen Topf geben und mit gerade so viel Wasser angießen, dass es knapp bedeckt ist. Je weniger Wasser, desto kräftiger wird die Brühe. Das Wasser bei mittlerer Temperatur aufkochen. Die Temperatur reduzieren und das Gemüse 90 Minuten leicht köcheln lassen. In dieser Zeit werden alle magischen Aromen extrahiert. Den Topf anschließend vom Herd nehmen und die Brühe weitere 5 Minuten mit einem Holzlöffel langsam umrühren, um auch die letzten Reste Aroma aus dem Gemüse zu ziehen. Die Brühe durch ein feines Sieb in eine Schüssel gießen und abkühlen lassen. Ein Sieb mit einem Stück Käseleinen auslegen und die Brühe ein zweites Mal abgießen, sodass sie zum Schluss ganz klar ist.

5 Zitronen
7 große Artischocken
3 Knoblauchzehen
3 Zwiebeln
2 Karotten
125 ml Olivenöl
1–2 TL Salz
500 ml Apfelessig
1 l heiße Gemüsebrühe (siehe Seite 107)
4 Zweige Thymian
4 Zweige glatte Petersilie
2 frische Lorbeerblätter
1 Stiel Selleriegrün
1 eingelegter Hering (in Salzlake oder Essig)

Außerdem
Küchengarn oder Käseleinen

Artischockenbrühe

Zunächst 3 Zitronen auspressen und den Saft in eine große Schüssel mit Wasser geben. (Später die geschälten Artischocken hineinlegen, damit sie sich nicht verfärben.)

Die Artischocken putzen: Den Stiel nach vorn halten und die äußeren harten Blätter rund um das Herz bis zu den gelben, dünnen Blättern entfernen. Mit den restlichen 2 halbierten Zitronen die Artischocken zwischendurch einreiben. Mit einem Messer zwei Drittel des Artischockenherzens abschneiden. Die Artischocke mit einer Hand festhalten und mit der zweiten den Stiel abbrechen. Mit einem Messer die Blätter rund um das weiße Artischockenherz entfernen. Die übrigen Blätter entfernen und mit einem Löffel das Heu herauslösen. Die so vorbereitete Artischocke direkt in die Schüssel mit Zitronenwasser legen und die nächste Artischocke putzen.

Den Knoblauch und die Zwiebeln schälen und sehr fein hacken. Die Karotten längs halbieren, das Innere herausschneiden und die Karotten in Scheiben schneiden. Das Olivenöl in einem Suppentopf erhitzen. Die Zwiebeln 4 Minuten darin anbraten. Die Karotten, den Knoblauch und 1 Prise Salz hinzufügen und 3 Minuten bei geringer Hitze schmoren. Die Artischockenherzen abtropfen lassen, in das Gemüse legen und von jeder Seite 30 Sekunden anbraten. Den Essig hinzufügen und das Gemüse weitere 30 Sekunden schmoren lassen. Die heiße Brühe angießen. Die Kräuter mit Küchengarn zu einem Sträußchen binden oder in ein Stück Käseleinen wickeln, damit sie später leicht aus der Brühe entfernt werden können. Eventuell mit etwas Salz würzen. Eine Lage Backpapier auf die Brühenoberfläche legen, damit die Artischockenherzen unter Wasser bleiben. Die Suppe bei geringer Temperatur 35 Minuten sanft köcheln lassen, bis die Artischockenherzen gar sind. (Garprobe: Mit einer Messerspitze hineinstechen, sie müssen weich sein.)

Den Hering in Stücke teilen und in die Brühe geben. Durch den Fisch bekommt die Brühe eine mediterrane Note. Die Brühe abkühlen lassen.

Die Artischockenbrühe hält sich 4–5 Tage im Kühlschrank. Vor dem Servieren die Kräuter herausnehmen und die Artischockenherzen in 4–6 Stücke teilen, wie auf dem Foto zu sehen.

In Nordafrika wird beim Backen von Brot statt Hefe das Heu der Artischocke verwendet. Es dient als eine Art natürliches Backtriebmittel. Beim Putzen können Sie das Heu also aufheben und so verwenden.

200 g küchenfertige Fischlebern (z. B. vom Rochen, beim Fischhändler vorbestellen)
15 g frischer Thymian
1 Lorbeerblatt
5 Gewürznelken
3 Sternanis
1 g Kardamomkapseln

Außerdem
Couscoussière oder Dämpftopf

Fischleber

Die Fischlebern in die Couscoussière legen und mit Frischhaltefolie abdecken. Die Kräuter und die Gewürze unten in die Couscoussière legen und den Topf erhitzen. Es muss sich unten ausreichend Rauch entwickeln, damit die Fischlebern in 3 Minuten fertig geräuchert sind.

Die Artischockensuppe erhitzen und die Brühe in eine Schüssel oder Suppenteller schöpfen. Einige Stücke Artischocke hineinlegen. Die geräucherten Fischlebern halbieren oder in Stücke teilen und in die Suppe legen. Mit frischen Kichererbsen (falls erhältlich) und einigen Korianderblättern garnieren.

Grüner Gazpacho mit Fisch

Diese grüne Suppe wird mit Gurke und weißen Trauben zubereitet. Ein perfektes erfrischendes Gericht für heiße Tage.

Für den Gazpacho
5 Salatgurken
4 Knoblauchzehen
4 Frühlingszwiebeln
250 g geröstete, ungesalzene Mandelkerne
4 EL Apfelessig
4 EL natives Olivenöl extra
1 EL Salz
500 g kernlose weiße Trauben

Für den Fisch
4 festkochende Kartoffeln
8 Knoblauchzehen
3 EL natives Olivenöl extra plus etwas mehr zum Beträufeln
1 Msp. Salz
frisch gemahlener schwarzer Pfeffer
2 kleine grüne Spitzpaprika
1 kleine Zwiebel
100 g frisches, küchenfertiges Kabeljaufilet
1 EL fein gehackter Koriander
1 Zitrone

* Für dieses Gericht können Sie jedes Fischfilet wählen, es muss nicht unbedingt Kabeljau sein.

Für den Gazpacho werden separat zwei Suppen zubereitet, die später zusammengeführt werden: Sie werden im Standmixer erst vor dem Servieren zusammengerührt.

Die Gurken schälen und in Stücke schneiden. Den Knoblauch schälen. Die Frühlingszwiebeln putzen, den Wurzelansatz abschneiden und die Frühlingszwiebeln und grob hacken. Die Mandeln ebenfalls grob hacken.

Für den Gurken-Gazpacho die Gurken und die Hälfte des Knoblauchs, der Frühlingszwiebeln und der Mandeln im Standmixer mit 2 EL Apfelessig, 2 EL Olivenöl und ½ EL Salz zu einer sämigen Suppe pürieren. Diese in eine Schüssel geben.

Die Trauben waschen und trocken tupfen, 5 Trauben beiseitelegen. Für den Trauben-Gazpacho die übrigen Trauben, den restlichen Knoblauch, die restlichen Frühlingszwiebeln und die restlichen Mandeln zusammen mit dem restlichen Essig, dem Olivenöl und 1 TL Salz im Standmixer zu einer glatten Suppe verarbeiten. Diese in eine Schüssel geben.

Beide Suppen für 4 Stunden in den Kühlschrank stellen.

Zum Anrichten die beiseitegelegten Trauben klein schneiden und auf die Suppenteller verteilen. Die Traubenstücke bieten beim Essen eine kleine Überraschung im Mund.

Vor dem Servieren beide Suppen in den Standmixer geben und gut durchmixen, dann in die Suppenteller schöpfen. Mit dem Fisch servieren.

Für den Fisch die Kartoffeln schälen und in dicke Scheiben schneiden. Den Knoblauch schälen. Das Olivenöl in einer großen Pfanne erhitzen, es darf nicht rauchen. Die Kartoffeln und den Knoblauch bei geringer Temperatur unter gelegentlichem Rühren etwa 20 Minuten braten, bis die Kartoffeln gar sind. Mit Salz und Pfeffer würzen.

Den Backofen auf 200 °C vorheizen.

Für die Tomatennocken
20 große gezuckerte Tomaten (siehe Seite 36)
5 große Zwiebeln
1 Knoblauchzehe
5 EL Olivenöl
Salz
frisch gemahlener schwarzer Pfeffer

Inzwischen die Paprikaschoten halbieren und von Samen und Scheidewänden befreien. In grobe Stücke schneiden. Die Zwiebel schälen und in dünne Spalten schneiden.

Die gebratenen Kartoffelscheiben in eine Auflaufform schichten. Den gebratenen Knoblauch beiseitelegen. Die Paprikastücke und die Zwiebelspalten auf die Kartoffeln geben. Die Fischfilets darauf legen und mit etwas Olivenöl beträufeln. Den Fisch im vorgeheizten Backofen 11–12 Minuten garen.

Den beiseitegelegten gebratenen Knoblauch in dünne Scheiben schneiden und auf dem Fisch verteilen.

Möchten Sie den Fisch mit dem Gazpacho servieren, dann richten Sie ihn so an: Auf dem Gazpacho ein Stück Fischfilet anrichten und mit einigen Scheiben Kartoffeln, Zwiebeln und Paprika garnieren.

Die Tomaten klein schneiden. Den Knoblauch und die Zwiebeln schälen und jeweils sehr fein hacken. Das Olivenöl in einer Pfanne erhitzen. Die Zwiebeln, den Knoblauch und die gezuckerten Tomaten darin sanft anschmoren. Mit Salz und Pfeffer würzen. Abkühlen lassen und aus den Tomaten kleine Nocken formen.

Gazpacho mit Morcheln

In Marokko wachsen die wohl besten Morcheln der Welt. Sie lassen sich in der Pfanne ganz einfach zubereiten – nur kurz anbraten, dann werden sie schön braun. Sie sind echte Geschmacksbomben im Mund.

Wenn sich dann noch etwas Sojasauce hinzugesellt, dann erhalten Sie den besonderen Geschmack von Umami. Dieses Duo passt gut zum Wassermelonen-Gazpacho von Seite 95.

2 Schalotten
2 Knoblauchzehen
150 g Morcheln
1 EL Olivenöl
Meersalz
frisch gemahlener weißer Pfeffer (nach Belieben)
1 EL Sojasauce
3 EL Zitronensaft
60 ml Wasser
1 EL fein gehackte glatte Petersilie
1 EL fein gehackter Salbei
1 EL feine Schnittlauchröllchen
1 Portion Wassermelonen-Gazpacho (siehe Seite 95)

Die Schalotten und den Knoblauch schälen und fein würfeln. Die Morcheln waschen und trocken tupfen.

Das Olivenöl in einer Pfanne erhitzen. Die Morcheln darin bei mittlerer Temperatur 5 Minuten anbraten, dann mit Meersalz und Pfeffer würzen. Den Pfanneninhalt immer wieder mit einem Pfannenwender oder einem Rührlöffel wenden.

Die Temperatur reduzieren und die Schalotten und den Knoblauch hinzufügen. Weiter umrühren. Das ist mein liebster Moment bei der Zubereitung des Rezepts, denn die Küche füllt sich nun mit dem Duft von Knoblauch, dem Inbegriff der marokkanischen Küche.

Die Sojasauce, den Zitronensaft und das Wasser hinzufügen. Die Pfanne hin- und herschwenken, aber den Inhalt nicht mehr umrühren. So bleiben die Morcheln ganz, fast wie kleine Bäume.

Vor dem Anrichten mit der Petersilie, dem Salbei und dem Schnittlauch bestreuen und nochmals mit Salz und Pfeffer würzen. Abkühlen lassen.

Den kalten Gazpacho in Suppenteller oder in Schälchen geben. Mit den Morcheln servieren. Eine himmlische sommerliche Suppe.

KOKOS-KÜRBIS-SUPPE

4 Schalotten
4 Knoblauchzehen
1 Flaschenkürbis (geschält ca. 700 g Fruchtfleisch)
3 TL natives Olivenöl extra
1 ½ EL gemahlener Zimt
1 ½ EL Currypulver (siehe Seite 21) oder 1 EL Currypulver plus ½ EL gemahlener Bockshornklee
½ EL gemahlener Bockshornklee
1 TL Meersalz
1 TL frisch gemahlener schwarzer Pfeffer
1 Bio-Orange
200 ml Kokosmilch
1 l Gemüsebrühe (siehe Seite 107)
1 EL flüssiger Honig
natives Olivenöl extra
½ Bio-Zitrone
1 EL Korianderblätter

Die Schalotten und den Knoblauch schälen und sehr fein hacken. Den Flaschenkürbis schälen und entkernen. Das Fruchtfleisch in kleine Stücke schneiden.

Das Olivenöl in einem Suppentopf erhitzen. Die Schalotten und den Knoblauch darin unter stetigem Rühren 1 Minute anschwitzen. Anschließend die Kürbisstücke, den Zimt, das Currypulver und den Bockshornklee sowie Salz und Pfeffer hinzufügen. Etwa 2 Minuten weiterrühren, bis alles gebräunt ist. Den Topf mit einem Deckel verschließen und das Gemüse 2 Minuten schmoren lassen. Dabei immer wieder umrühren.

Die Orange mit einem Sparschäler zur Hälfte dünn schälen, dabei darauf achten, dass keine weißen Schalenbestandteile (Mesokarp) an der Schale haften. Die Kokosmilch, die Brühe, die Orangenschale und den Honig in die Suppe rühren und diese bei mittlerer Temperatur langsam aufkochen. Die Temperatur reduzieren und die Suppe weitere 17 Minuten leicht köcheln lassen, bis ein Messer leicht durch den Kürbis schneidet. Die Suppe kurz abkühlen lassen, die Orangenschale entfernen, den Topfinhalt in den Standmixer geben und zu einer cremigen, glatten Suppe pürieren. Die Suppe zurück in den Topf geben und nach Belieben mit Salz, Pfeffer und Chilipulver abschmecken.

Kurz vor dem Servieren die Schale der anderen Orangenhälfte und der Zitrone in die Suppe reiben und etwas Saft aus den Zitrusfrüchten pressen. Die Suppe mit Koriander garnieren.

Die Suppe hält sich 2–3 Tage im Kühlschrank. Sie lässt sich auch gut einfrieren.

FISCH

FISCH

An einem heißen Tag im Jahr 1979 kam zum allerersten Mal ein Lastwagen mit frischem Fisch nach Fez. Es hatte sich eine lange Schlange mit Menschen gebildet, die auf den Wagen warteten. So außergewöhnlich war das damals. Fez liegt in der Wüste, das Meer ist weit entfernt. Frischen Fisch gab es damals selten. Das sollte sich an diesem denkwürdigen Tag ändern. Doch nur reiche Leute konnten sich den frischen Fisch leisten.

Seit 1979 hat sich glücklicherweise viel geändert. Wir arbeiten mit Fischern in Essaouira und Agadir, die wir jeden Abend anrufen und fragen, was sie uns am nächsten Tag anbieten können. Die Lieferung erfolgt dann morgens in aller Frühe. Das Angebot wechselt, aber über mangelnde Abwechslung können wir nicht klagen. Manchmal haben sie Hai, für den ich einige Gerichte entwickelt habe, oder auch Tintenfisch. Vor Kurzem hatten wir einen großen Hummer mitsamt Corail. Den habe ich dann im Ganzen am Tisch serviert und vor den Augen der Gäste den Rogen mit einem Löffel herausgelöst. Die Gäste waren überrascht und das zu Recht: So etwas sieht man selten. Aber auch das ist in Marokko möglich. Nicht nur Gemüse, Fleisch und Kräuter sind bei uns von höchster Qualität, sondern auch der Fisch. Und unser Meer ist im Gegensatz zu vielen anderen Meeren noch längst nicht leer gefischt. Wir haben Tintenfisch, Weißfisch, Sardinen, Sardellen, Kaisergranat, Krebs, Hummer, alles im Überfluss. Kaisergranate, Garnelen, Muscheln und Hummer werden bei uns lebend angeliefert. Wir lagern sie im Kühlschrank und bereiten sie *à la minute* zu.

Fisch wird bei uns in Marokko nicht aufwendig zubereitet, und damit habe ich keine Probleme. Ich bevorzuge es, natürlich zu kochen. Am liebsten ganz einfach, so ist es am schmackhaftesten. Was mich angeht, so geht doch nichts über gegrillte Sardinen mit Zitronensaft.

Es gibt verschiedene Techniken, um den Fisch länger haltbar zu machen und ihm noch mehr Geschmack zu geben. Ich verwende dazu eine saure Marinade aus Essig, Zitronen- und Orangensaft namens Escabeche, vom Ursprung ein arabisches Wort. Die Escabeche wird bei starker Hitze gekocht, anschließend kommt der Fisch hinein und alles muss abkühlen. Sie können diese Technik auch für Gemüse wie Auberginen und Paprika anwenden. Wir machen das häufig für unsere vegetarischen Gäste.

Ich kombiniere gern Produkte aus verschiedenen Lebensmittelgruppen: Fisch mit Gemüse beispielsweise. Das Meer, die Erde, die Luft schenken uns so viel. Darum müssen wir gut damit umgehen. In meiner Küche versuche ich nachhaltig zu arbeiten: Alles wird verwendet. In diesem Buch zeige ich Ihnen einige Beispiele. Für einige Fischgerichte nehme ich alle Teile des Fisches: Augen, Gräten und sogar das Herz. Sie müssen hochwertige Nahrungsmittel essen, aber Sie müssen sich auch bewusst machen, was Sie tun. Nicht zu viel nehmen. Was Sie essen, beeinflusst die Zukunft unseres Planeten. Respekt vor dem, was die Natur uns schenkt, das ist mir wichtig.

SEPIA IN TOMATEN-PAPRIKA-GAZPACHO

Für den Gazpacho
500 g Tomaten
2 kleine rote Paprikaschoten
2 Zwiebeln
6 Knoblauchzehen
1 TL fein gehackter frischer Ingwer
20 ml Estragonessig
20 ml Zitronensaft
Olivenöl
500 g Sprudelwasser

Für die Safranbrühe
1 Stange Lauch
2 Knoblauchzehen
1 l Wasser
2 Lorbeerblätter
25 ml Zitronensaft
4 TL Safranfäden

Für den Tintenfisch
1 kg küchenfertiger Tintenfisch (Sepia)
2 Zwiebeln
3 Knoblauchzehen
1 grüne Paprikaschote
2 EL natives Olivenöl extra
1 Zitrone
1 EL fein gehackte glatte Petersilie

Für den Gazpacho die Tomaten und halbierten Paprikaschoten unter dem Backofengrill oder auf dem Grill grillen, bis sie schwarz werden, dann in einen Frischhaltebeutel legen und schwitzen lassen. Die Tomaten und Paprika abkühlen lassen, dann häuten. Die Samen und Scheidewände der Paprika entfernen. Die Zwiebeln und den Knoblauch schälen.

Die gegrillten Tomaten und Paprika, die Zwiebel, den Knoblauch und den Ingwer mit dem Essig, dem Zitronensaft und dem Olivenöl im Standmixer glatt mixen. Das Sprudelwasser unterrühren und diese Suppe bis zum Servieren im Kühlschrank aufbewahren.

Für die Safranbrühe den Lauch putzen, waschen, den Wurzelansatz abschneiden und den Lauch in grobe Stücke schneiden. Den Knoblauch schälen. Das Wasser in einen Topf geben. Den Lauch, den Knoblauch, die Lorbeerblätter, den Zitronensaft und die Safranfäden in das Wasser geben. Das Wasser zum Kochen bringen und 5 Minuten ziehen lassen.

Den Tintenfisch in gleich große Stücke schneiden und ein Rautenmuster in die Oberseiten schneiden. (Das sieht einfach attraktiv aus. Im Tiefkühlfach des Supermarkts finden Sie Tintenfischstücke, die schon so eingeschnitten sind.)

Die Temperatur der Safranbrühe reduzieren und die Tintenfischstücke hinzufügen. Die Tintenfischstücke etwa 4 Minuten garen, bis sie sich an den Rändern kräuseln.

In der Zwischenzeit die Zwiebeln und den Knoblauch schälen. Die Paprika putzen und in Stücke schneiden. Das Olivenöl in einer hochwandigen Pfanne oder im Wok erhitzen. Die Zwiebeln, den Knoblauch und die Paprika darin anschwitzen und bei geringer Temperatur glasig schwitzen.

Den Tintenfisch hinzufügen und mit Zitronensaft und Petersilie würzen.

Den Gazpacho in Suppenschalen oder in Suppenteller schöpfen und mit dem Tintenfisch garnieren.

Auf dem Foto servieren wir den Gazpacho und den Tintenfisch mit einem Melonen-Dreieck, einer Orangenscheibe, einer Zitronenscheibe und Knoblauchmayonnaise. Garniert wurde das Gericht mit einer schwarzen Tuile (siehe Seite 256).

MAKRELE IN ESCABECHE

Diese prächtige Makrele marinierten wir in einer Escabeche mit Orangensaft. Diese säuerliche Marinade lässt sich ganz einfach selbst zubereiten. Das war früher die einzige Art, um den frisch gefangenen Fisch länger haltbar zu machen.

Sie können dieses Gericht als Imbiss oder als Abendessen genießen. Der intensive, natürliche Zitrusgeschmack ist wunderbar. Ich hoffe, dass dieses unprätentiöse Gericht Sie umhaut.

1 Zwiebel
6 Knoblauchzehen
2 Knollen Fenchel
2 kleine grüne Paprikaschoten
2 EL natives Olivenöl extra
4 Lorbeerblätter
1 EL flüssiger Honig
1 Bio-Orange
1 Bio-Zitrone
200 ml Orangensaft
35 ml Zitronensaft
2 EL Koriandersamen
300 ml Essig
100 g kleine küchenfertige Makrelen (5 Stück, möglichst kleine Exemplare)
Olivenöl
Salz
frisch gemahlener schwarzer Pfeffer (nach Belieben)
frische Kapern oder Kapernäpfel aus dem Glas

Die Zwiebel und den Knoblauch schälen. Die Zwiebel in Ringe schneiden. Den Knoblauch fein hacken. Die Fenchelknollen putzen und in dünne Scheiben schneiden. Die Paprika halbieren, von Samen und Scheidewänden befreien und in Stücke schneiden.

Das Olivenöl in einer Pfanne sanft erhitzen. Die Zwiebel, den Knoblauch, den Fenchel und die Paprika mit den Lorbeerblättern und dem Honig unter Rühren darin anschwitzen, bis die Zwiebel glasig ist.

Die Orange und die Zitrone mit einem scharfen Messer oder einem Zestenreißer fein schälen. Dabei darauf achten, dass keine weißen Bestandteile (Mesokarp) an der Schale bleiben. Die Orange und die Zitrone auspressen und die benötigten Saftmengen abmessen. Den Orangen- und Zitronensaft, die Orangen- und Zitronenschale, die Koriandersamen und den Essig in einem Topf zum Kochen bringen. Bei geringer Temperatur 10 Minuten leicht köcheln lassen.

Den Topf vom Herd nehmen und die Orangen- und Zitronenschale herausnehmen. Die Marinade (Escabeche) 5–10 Minuten abkühlen lassen, dann die Makrelen hineinlegen. Den Fisch in der Escabeche ziehen lassen. Sobald die Escabeche vollständig abgekühlt ist, das Gericht servieren oder in den Kühlschrank stellen.

Den Fisch beispielsweise mit dem Fenchel, der klein geschnittenen Paprika und den Kapern servieren.

Auf dem Foto servierten wir den Fisch mit kleinen grünen Paprikas, Tomaten, Limette und Koriander.

A|X
EXCHANGE

Gegrillte Sardinen

Für die Chermoula
6 Knoblauchzehen
2 Tomaten
¼ TL Chermoula-Kräutermischung (siehe Seite 20)
½ TL fein gehackte glatte Petersilie
¼ TL gemahlener Koriander
2 TL Paprikapulver
¼ TL getrocknete Harissa oder getrocknete Chili
Safranfäden (nach Belieben)
½ EL fein gehackter frischer Ingwer
6 EL Olivenöl

Für die Sardinen
1 kg frische Sardinen
3 Tomaten
2 kleine Zwiebeln
1 rote Spitzpaprika
1 Zitrone

Für die Chermoula den Knoblauch schälen. Den Knoblauch und die Tomaten in eine Schüssel reiben. Alle Kräuter und Gewürze sowie das Olivenöl hinzufügen und die Mischung beiseitestellen.

Die ganzen Sardinen am Bauch der Länge nach aufschneiden, waschen, säubern und die Innereien herausnehmen, dabei die Köpfe nicht abschneiden. Die Sardinen aufklappen, mit der Chermoula füllen und wieder zusammendrücken. Dabei etwas Chermoula übrig lassen. Die Sardinen von außen mit der restlichen Chermoula einpinseln und mindestens 30 Minuten ziehen lassen. Je länger die Marinade zieht, desto schmackhafter wird der Fisch.

Die Tomaten, die Zwiebeln, die Spitzpaprika und die Zitrone halbieren. Sie kommen zusammen mit den Sardinen auf den Grill. Sie können sie auf einen Spieß stecken oder in eine feuerfeste Schale legen. Die Sardinen am besten auf dem Grill oder über einem offenen Feuer grillen. Wenn das nicht geht, können sie auch unter dem Backofengrill gegrillt oder bei 180 °C (Ober-/Unterhitze) geschmort werden. Werden die Sardinen im Backofen gegart, sollte man sie mit Backpapier bedecken, damit sie nicht verbrennen. Die Sardinen 20 Minuten grillen oder garen. Darauf achten, dass sie nicht trocken werden.

Ich grille die Sardinen am liebsten über einem Holzkohlefeuer – so schmecken sie am allerbesten.

Gedämpfter Pulpo

1 küchenfertiger Oktopus (2–3 kg)
2–4 l Wasser
15 g grüne Teeblätter (nach Belieben)
1 Bund frische Kräuter (nach Belieben, z. B. Thymian und Estragon)
fein geriebene Schale von 1 Bio-Orange
fein geriebene Schale von 1 Bio-Zitrone
2 EL Meersalz
1 TL Paprikapulver
3 EL natives Olivenöl extra
1 Zitrone
Koriander und glatte Petersilie, fein gehackt

Außerdem
Dämpftopf oder Couscoussière

Bevor der Oktopus zubereitet wird, muss er weich geklopft werden. Sie können ihn auch tiefkühlen und dann wieder auftauen – das führt zum gleichen Resultat, nämlich einem schönen weichen Oktopus. Statt frischen Oktopus können Sie auch einen küchenfertigen TK-Oktopus kaufen. Diesen im Kühlschrank auftauen lassen – so machen Sie alles richtig.

Den Oktopus unter fließendem kaltem Wasser waschen. Einen sehr großen Topf mit Wasser (kein Salz) füllen und dieses zum Kochen bringen. (Der Topf muss groß genug sein, dass der Oktopus Platz darin findet und nicht über den Rand herausragt.)

Sobald das Wasser kocht, den Oktopus am Kopf festhalten. Die Tentakel ins Wasser gleiten lassen, damit sie aufplatzen. Diesen Vorgang zweimal wiederholen. Das Fleisch wird so etwas fester und fällt beim Garen nicht auseinander. Dann den Oktopus ins Wasser gleiten lassen und 30–40 Minuten bei mittlerer Temperatur garen. Für einen Pulpo von 2 kg ist eine Garzeit von 30 Minuten ausreichend. Zwischendurch kontrollieren, ob das Fleisch noch weich ist – es darf nicht hart werden.

Den gegarten Tintenfisch aus dem Topf nehmen und vor dem anschließenden Dämpfen einige Minuten ruhen lassen.

Auf dem Foto ist eine traditionelle Couscoussière zu sehen, ein Dämpftopf, so wie ihn meine Großeltern benutzten. Zum Dämpfen werden in den unteren Einsatz des Topfes grüne Teeblätter und frische aromatische Kräuter, aber manchmal auch Algen gelegt. Das Dämpfgut im oberen Einsatz nimmt die Aromen auf. Die grünen Teeblätter auf dem Boden des Dämpftopfes oder der Couscoussière verteilen und erhitzen. Die frischen Kräuter sowie die Orangen- und Zitronenschalen hinzugeben. Den gegarten Pulpo auf den oberen Einsatz legen und einige Minuten dämpfen.

Die Tentakel in 1–2 cm breite Scheiben und den Kopf in kleine Stücke schneiden. Mit Meersalz und Paprikapulver bestreuen und mit Olivenöl und Zitronensaft beträufeln. Zum Schluss mit Koriander und Petersilie bestreuen.

Zum Servieren spritzen wir schöne Spiralen aus Guacamole und einem Püree aus schwarzen Oliven und Beten (siehe Seite 254) auf die Teller, richten die Tintenfischstücke darauf an und garnieren alles mit essbaren Blüten.

Gesalzener und geräucherter Thunfisch

110 g Zucker
250 g Meersalz
Schale von ½ Bio-Orange
Schale von ½ Bio-Zitrone
1 EL fein gehackter Koriander
200 frisches Thunfischfilet
2 Kardamomkapseln
5 Minzeblätter
2 Kaffir-Limettenblätter
2 Orangenblätter (nach Belieben)
6 Oreganoblätter
3 Zweige Majoran
3 Gewürznelken
1 TL gemahlener Kreuzkümmel
100 ml Wasser

Den Zucker, das Salz, die Orangen- und Zitronenschale und den Koriander im Standmixer fein mixen. Die Hälfte der Mischung in einen Topf oder in eine Schale streuen und die Fischfilets darauflegen. Die restliche Zitrusmischung über den Fisch streuen. Den Fisch 24 Stunden im Kühlschrank ziehen lassen.

Den marinierten Thunfisch unter fließendem kaltem Wasser abspülen, mit Küchenpapier trocken tupfen, in eine Schale legen und 2 Stunden im Kühlschrank trocknen lassen. (Die Schale nicht bedecken.) Der Thunfisch kann danach serviert werden, denn er ist nun gepökelt.

Für dieses Rezept gehen wir aber noch einen Schritt weiter: Die Kardamomkapseln, die Minze-, Kaffir-Limetten-, Orangen- und Oreganoblätter sowie den Majoran, die Gewürznelke und den Kreuzkümmel mit dem Wasser in einen Topf geben. In diesem Sud den gepökelten Fisch 5–10 Minuten ziehen lassen, bis er zart ist und alle Aromen aufgenommen hat. Der Fisch kann auch gedämpft werden: Dazu einen Dämpfkorb in einen Dämpfttopf setzen oder einen Durchschlag über einen Topf mit dem kochendem Sud stellen.

Im Nur servieren wir den Thunfisch so: In die Mitte jedes Tellers ein Stück Thunfisch legen, außenherum eine halbe Artischocke, etwas Zitronenmousse (siehe Seite 257), Lauch, geräucherte süße rote Paprika, geräucherte Aubergine, Sojasauce (siehe Seite 256) und Erbsenpüree (siehe Seite 254) anrichten.

Gefüllte Krabbe

Dieses Gericht lässt sich gut mit anderen teilen. Für das Foto haben wir die Krabben mitsamt Scheren angerichtet. Das weiße Puder ist kein Parmesan, sondern geriebene geräucherte Mandelkerne.

Salz
2 frische Königskrabben oder 4 frische Taschenkrebse
2 Zwiebeln
1 Stange Lauch
1 Tomate
1 grüne Paprikaschote
75 ml natives Olivenöl extra
300 g stückige Tomaten, in einem Sieb abgetropft
250 ml Krebs- oder Fischbrühe
1 EL Butter
¼ Knolle Fenchel
1 EL grob gehackter Koriander
1 EL grob gehackte glatte Petersilie
1 Chilischote
1 Zitrone
10 g geräucherte Mandelkerne

Außerdem
Schalentierzange oder Nussknacker und Hummergabel

In einem großen Topf reichlich Wasser mit 1 Msp. Salz zum Kochen bringen. Die Krabben bzw. Krebse hineinlegen. Die Garzeit beträgt je Kilogramm Krabbengewicht 10 Minuten. Die gegarten Krabben aus dem Topf heben und abtropfen lassen. Den Panzer vorsichtig aufbrechen. Das ist etwas aufwendig und erfordert Geduld: Zwischen dem harten Panzer und der Unterseite befindet sich eine Öffnung, da sollte am besten angesetzt werden. Das Fleisch sorgfältig aus dem Panzer lösen und diesen aufbewahren. Das Fleisch aus den Beinen ebenfalls herauslösen. Dazu einen Hammer, eine Schalentierzange oder einen Nussknacker und eine Hummergabel verwenden. Darauf achten, dass keine Stücke von Panzer oder Scheren im Fleisch stecken. Das Fleisch in den Topf legen, in dem die Krabben gekocht wurde.

Die Zwiebeln schälen und fein hacken. Den Lauch putzen, den Wurzelansatz abschneiden und den Lauch klein schneiden. Die Tomate in kleine Stücke schneiden. Die Paprika halbieren. Die Samen und Scheidewände entfernen. Das Fruchtfleisch klein schneiden. Das Olivenöl in einer Pfanne erhitzen. Die Zwiebel, den Lauch, die Tomate und die Paprika darin weich braten. Das Krabbenfleisch hinzufügen und 2 Minuten mitbraten. Die abgetropften Tomatenstücke hinzufügen und 2 Minuten schmoren. Die Brühe nach und nach angießen, bis eine sämige Sauce entstanden ist. Mit Salz und Pfeffer würzen.

Den Backofen auf 250 °C vorheizen. Die Krabben-Gemüse-Mischung zurück in die Panzer geben. Diese auf ein Backblech oder in eine Auflaufform setzen. Die Butter darüber verteilen und die Krabben etwa 9 Minuten im vorgeheizten Backofen garen, bis die Oberseite schön braun ist.

Einen Teil der Fenchelknolle fein hobeln. Das Fenchelgrün grob hacken. Die Chili aufschneiden, entkernen und fein hacken. Das Krabbenfleisch vor dem Servieren mit Fenchel, Koriander, glatter Petersilie und Chili bestreuen und mit etwas Zitronensaft beträufeln. Zum Schluss die geräucherten Mandeln darüberreiben.

FISCH-TAJINE

Der traditionelle Tajine-Topf besteht aus Ton. Falls Sie keine Tajine zur Verfügung haben, dann tut es auch eine normale Pfanne. Die Kräuter kommen nach unten, damit das Gericht die Aromen gut aufnehmen kann.

- 1 Bund Koriander (15 g)
- 1 Bund glatte Petersilie (15 g)
- 3 mittelgroße festkochende Kartoffeln
- 2 kleine Karotten
- 2 Zwiebeln
- 2 grüne (Spitz-)Paprikaschoten
- 300 g küchenfertiges Weißfischfilet (nach Belieben: Kabeljau, Seeteufel oder Rochen)
- 5 EL Chermoula (siehe Seite 255)
- 2 Knoblauchzehen
- ½ eingelegte Zitrone (siehe Seite 33)
- 40 g grüne Bohnen
- 1 Lorbeerblatt
- 1 Bund Thymian (15 g)
- 10 grüne Oliven, entsteint
- 75 ml Wasser
- 1 Zitrone

Etwas Koriander zum Garnieren beiseitelegen. Den restlichen Koriander und die Petersilie auf dem Boden der Tajine oder der Pfanne verteilen.

Die Kartoffeln und die Karotten schälen und in Scheiben schneiden. Die Zwiebeln schälen und in Ringe schneiden. Die Tomaten in Scheiben schneiden. Die Paprika halbieren, die Samen und Scheidewände entfernen und 1 ½ Paprika in Streifen schneiden. Das geschnittene Gemüse auf die Kräuter in der Tajine oder in der Pfanne legen.

Das Fischfilet auf Gräten kontrollieren und alle Gräten mit einer Pinzette entfernen. Den Fisch auf das Gemüse legen und die Chermoula auf dem Fisch verteilen. Den Knoblauch schälen und über den Fisch reiben.

Die eingelegte Zitrone und die restliche halbe Paprika in feine Streifen schneiden und mit den grünen Bohnen rund um den Fisch verteilen. Das Lorbeerblatt und den Thymian darauflegen. Den Deckel auf die Tajine legen und auf den Herd stellen. Bei geringer Temperatur 30 Minuten garen.

Dann die Oliven und das Wasser hinzufügen und den Topfinhalt weitere 15 Minuten garen. Der Fisch sollte zart sein, aber nicht auseinanderfallen.

Mit Koriander garnieren und vor dem Servieren mit dem Saft der Zitrone beträufeln.

THUNFISCHFILET MIT KORALLENROTER SAUCE

Dieses fotogene Gericht besteht aus verschiedenen Komponenten. Auf der schwarzen Sesamsauce liegt ein Stück Thunfischfilet, daneben liegen Kürbis aus dem Backofen und gebratene Pilze. Abgerundet wird das Ganze mit einer orangeroten Paprikasauce. Den Teller auf dem Foto garnierten wir mit eingelegter Zwiebel, getrockneten Blüten und Algen. Zuerst die Sesamsauce, dann den Kürbis, die Paprikasauce, den Fisch und zum Schluss die Pilze zubereiten.

Für die Sesamsauce

2 Auberginen
2 rote Paprikaschoten
1 Knoblauchzehe
1 Chilischote
75 ml Olivenöl
4 EL Zitronensaft
1 TL Salz
2 EL geröstete Erdnusskerne (ungesalzen)
2 EL gemahlener Koriander
2 EL gemahlener Schwarzkümmel
1 TL Harissa oder Chilipulver
4 TL schwarze Sesamsaat

Für den Kürbis

3 Zwiebeln
5 Chilischoten
1 mittelgroßer Kürbis
1 EL Olivenöl
1 Msp. gemahlene Gewürznelke
1 TL gemahlener Zimt
1 ½ TL gemahlene Muskatnuss
2 TL Zucker
2 TL Salz

Schwarze Sesamsauce

Die Auberginen und die halbierten Paprika unter den Backofengrill oder auf den Grill grillen, bis sie schwarz werden, dann in einen Frischhaltebeutel legen und schwitzen lassen. Die abgekühlten Auberginen und Paprika häuten. Die Paprika von Stiel, Samen und Scheidewänden befreien. Die Auberginen und die Paprika in Stücke schneiden.

Den Knoblauch schälen. Die Chilischote aufschneiden, entkernen und fein hacken. Den Knoblauch, den Chili, die Aubergine, die Paprika und alle übrigen Zutaten im Standmixer zu einer feinen, glatten Sauce verarbeiten. Die Sauce im Kühlschrank aufbewahren.

Kürbis aus dem Backofen

Den Backofen auf 200 °C vorheizen. Die Zwiebeln schälen und in Ringe schneiden. Die Chilis aufschneiden, entkernen und in feine Stücke schneiden. Den Kürbis schälen und in beliebig große Stücke schneiden. Ich schneide ihn gern waagerecht in große Scheiben. Mit einem Löffel die Fasern und die Kerne herauslösen. Die Kürbisscheiben auf ein mit Backpapier ausgelegtes Backblech legen. Die Zwiebelringe und Chilistücke darauf verteilen, mit dem Olivenöl beträufeln und mit den Gewürzen, dem Zucker und dem Salz bestreuen. Den Kürbis im vorgeheizten Backofen 20–25 Minuten garen.

Für die Paprikasauce
2 kleine Zwiebeln
2 rote Paprikaschoten
25 ml Olivenöl
50 ml ungesüßte Mandelmilch
1 Msp. Salz
frisch gemahlener schwarzer Pfeffer

Für den Thunfisch
400 g Thunfischfilet
5 Zwiebeln
4 Knoblauchzehen
100 ml Olivenöl
150 g geröstete süße rote (Spitz-) Paprika (frisch oder aus dem Glas), von den Samen befreit
2 Lorbeerblätter
1 TL gerebelter getrockneter Oregano
50 ml Essig
150 ml Wasser
2 TL Sojasauce
Salz
frisch gemahlener schwarzer Pfeffer
1 EL fein gehackte glatte Petersilie
Saft von 1 Zitrone

Für die Pilze
1 Knoblauchzehe
100 g frische Pilze nach Belieben
2 TL Olivenöl
1 EL fein gehackter Koriander
1 EL fein gehackte glatte Petersilie

Rote Paprikasauce
Die Zwiebeln schälen und fein hacken. Die Paprika halbieren, Samen und Scheidewände entfernen. Das Fruchtfleisch klein schneiden. Das Olivenöl in einer Pfanne erhitzen. Die Zwiebeln darin 2 Minuten farblos anschwitzen. Die rote Paprika erhitzen und 3 Minuten anbraten. Die Mandelmilch angießen, die Flüssigkeit zum Kochen bringen und bei geringer Temperatur 10 Minuten köcheln lassen. Den Pfanneninhalt im Standmixer zu einer glatten, sämigen Sauce verarbeiten. Mit Salz und Pfeffer würzen.

Thunfischfilet mit Zwiebel
Das Thunfischfilet unter fließendem kaltem Wasser abspülen und alle Gräten entfernen. Das Filet in beliebige Stücke schneiden.

Die Zwiebeln und den Knoblauch schälen und fein hacken. Das Olivenöl in einer Pfanne erhitzen. Die Zwiebeln 2 Minuten darin anschwitzen. Den Knoblauch hinzufügen und bei geringer Temperatur in etwa 10 Minuten braten, bis alles Farbe annimmt. Dann die Paprika, die Lorbeerblätter und den Oregano dazugeben und mit einem Holzlöffel umrühren. Den Essig angießen. Die Flüssigkeit aufkochen und den Essig einkochen lassen. Das Wasser und die Sojasauce angießen, dann die Thunfischfilets auf das Gemüse legen. Den Fisch 10 Minuten garen. (In der Zwischenzeit die Pilze zubereiten.)

Das gare Thunfischfilet mit Salz und Pfeffer würzen und mit Petersilie garnieren. Mit etwas frisch gepresstem Zitronensaft beträufeln.

Gebratene Pilze
Den Knoblauch schälen und fein hacken. Die Pilze sauber abbürsten. Das Olivenöl in einer Pfanne erhitzen. Den Knoblauch 1 Minute darin anschwitzen. Die Pilze, den Koriander und die Petersilie hinzufügen und alles braten, bis die Pilze braun und bissfest sind. Sofort servieren.

Anrichten
Die schwarze Sesamsauce erhitzen. Auf jedem Teller mit einem Löffel etwas Sesamsauce anrichten, darauf einige Pilze verteilen und das Thunfischfilet darauflegen. Ein Stück Kürbis abschneiden und neben die Sauce legen. Mit der Paprikasauce beträufeln und mit den Pilzen garnieren.

THUNFISCH MIT BAKKOULA

Dieses Gericht besteht aus vier einzeln zubereiteten Komponenten. Das Brot und die Mayonnaise lassen sich gut im Voraus zubereiten. Dann kommt der Spinat und zum Schluss der Fisch.

Für das Mehrkornbrot

25 g 6-Korn-Mischung (Getreidemischung)
500 ml Wasser
1 Tütchen Trockenhefe (7 g)
175 g Vollkornweizenmehl
2 EL Olivenöl plus etwas mehr zum Bepinseln
2 EL flüssiger Honig
1 ½ EL Salz
4 EL Sesamsaat
4 EL Mohnsamen
2 EL Leinsamen

Für die Mayonnaise

2 Eigelb (Größe L)
3 EL Zitronensaft
2 EL weißer Essig
1 EL Dijonsenf
2 ½ TL Salz (nach Belieben)
180 ml Sonnenblumenöl

Mehrkornbrot

Die Mehrkornbrot-Getreidemischung in einer großen Schüssel mit 50 ml Wasser kochendem Wasser übergießen, dann etwa 20 Minuten quellen und auf etwa 40 °C abkühlen lassen. Den Teig mit der Hefe bestreuen und umrühren. Nochmals 10 Minuten ruhen lassen. Nach und nach das Mehl, das Olivenöl, den Honig und das Salz hinzufügen und alles zu einem glatten Teig verarbeiten. Den Teig leicht mit Olivenöl einpinseln, wenden und weitere 15 Minuten ruhen lassen. Eine saubere und warme (aber nicht heiße) Arbeitsfläche mit Mehl bestäuben, den Teig darauflegen, mit einem Tuch bedecken und nochmals 1 Stunde gehen lassen.

Die Sesam-, Mohn- und Leinsamen in einer Schüssel mischen. Das Brot zu einem Laib formen, leicht mit Olivenöl einpinseln und rundum mit der Samenmischung bestreuen. Den Teig mit dem Tuch bedecken und nochmals 30 Minuten gehen lassen.

Den Backofen auf 220 °C vorheizen. Den Laib mit Wasser einpinseln und die Samen, die herunterfallen, wieder auf das Brot drücken. (Das Wasser verhindert, dass das Brot beim Backen austrocknet.) Das Brot auf das Ofengitter oder in eine perforierte Brotbackform legen, damit es atmen kann. Das Brot auf der mittleren Schiene des vorgeheizten Backofens in 35 Minuten braun backen. Auf dem Gitter abkühlen lassen.

Mayonnaise

Die Eigelbe, den Zitronensaft, den Essig, den Senf und das Salz in eine Schüssel geben und mit dem Schneebesen 50 Sekunden gut verquirlen. Das Olivenöl unter ständigem Rühren tropfenweise hinzugeben. Es dauert etwa 8 Minuten, bis die Mayonnaise cremig und weiß ist. Probieren und abschmecken.

Die Mayonnaise lässt sich gut 2 Tage vorher zubereiten. Da sie rohe Eier enthält, ist sie für kleine Kinder und Schwangere nicht geeignet.

Für den Bakkoula

500 g Bakkoula oder (wilder) Spinat
½ Zwiebel
6 Knoblauchzehen
50 g schwarze Oliven
90 g in Salzlake eingelegte grüne oder rote Oliven
4 EL natives Olivenöl extra
3 EL fein gehackter Koriander
3 EL fein gehackte glatte Petersilie
½ EL Paprikapulver
2 EL gemahlener Kreuzkümmel
2 EL Harissa oder Chilipulver
1 Msp. Salz

Für die Seezunge

2 rote Chilischoten
200 g küchenfertiges Seezungenfilet
15 g fein gehackter Koriander
frisch gemahlener schwarzer Pfeffer (nach Belieben)
6 Knoblauchzehen
60 ml natives Olivenöl extra
2 EL Zitronensaft

Bakkoula

Den Bakkoula – marokkanischer Spinat – in einer Couscoussière oder in einem Dämpftopf zubereiten. Normaler Spinat kann ganz normal im Topf blanchiert werden.

Den Bakkoula dämpfen. Alternativ für den Spinat einen großen Topf mit Wasser füllen und dieses zum Kochen bringen. Darin den Spinat 30–60 Sekunden blanchieren, bis er zusammengefallen ist. Den Spinat aus dem Dämpfer oder dem Topf herausheben, mit klarem Wasser abspülen, abtropfen und abkühlen lassen. Mit den Händen die Feuchtigkeit aus dem Bakkoula drücken und mit Küchenpapier trocken tupfen. Den Bakkoula fein hacken.

Die Zwiebel und den Knoblauch schälen und fein hacken. Die Oliven, falls nötig, entsteinen und sehr fein hacken. Das Olivenöl in einem Wok oder Topf erhitzen. Die Zwiebel und den Knoblauch darin 1 Minute anschwitzen. Den Spinat, die Oliven, die Kräuter und die Gewürze hinzufügen und mit Salz würzen. Den Bakkoula nicht zu lang garen – nach 2 Minuten ist er fertig.

Seezunge

Die Chilis aufschneiden, entkernen und sehr fein hacken. Die Seezungenfilets mit dem Chili, dem Koriander und schwarzem Pfeffer bedecken.

Den Knoblauch schälen und fein hacken. Das Olivenöl in einer großen Pfanne erhitzen. Den Fisch und den Knoblauch darin etwa 2 Minuten braun anbraten, dann wenden und von der anderen Seite ebenfalls 2 Minuten braten. Den Fisch aus der Pfanne heben. Die Fischfilets mit dem Olivenöl aus der Pfanne und dem Zitronensaft beträufeln.

Anrichten

Eine dicke Scheibe Brot abschneiden. Das Bakkoula dekorativ darauf anrichten und den Fisch darauflegen. Mit einem Tupfen Mayonnaise anrichten und mit getrockneter Chili, einem Grapefruitfilet und einer sonnengetrockneten Tomate anrichten.

FISCHFILET MIT VENUSMUSCHELN UND MERGUEZ

1,5 kg Venusmuscheln, Jakobsmuscheln oder Herzmuscheln
4 Knoblauchzehen
2 Zwiebeln
1 Bund glatte Petersilie (15 g)
1 Bund Koriander (15 g)
2 TL Olivenöl
1 Lorbeerblatt
100 g Apfelessig
400 g Tomaten
5 Kirschtomaten
½ Stange Lauch
⅓ gelbe Paprikaschote
⅓ rote Paprikaschote
50 g Merguez (1–2 Würste)
250 ml Fischfond
5 Safranfäden
200 g Weißfisch (nach Belieben)
1 EL natives Olivenöl extra
1 Zitrone

Außerdem
Küchengarn
ein großer Kupfertopf (Cataplana) oder ein großer Topf mit Deckel

Die Muscheln in eiskaltem Wasser waschen. Wer die Möglichkeit hat, wäscht sie in Meerwasser, aber ansonsten ist auch normales Wasser prima. Die Muscheln im eiskalten Wasser liegen lassen. Offene Muscheln wegwerfen.

Den Knoblauch und die Zwiebeln schälen und fein hacken. Die Petersilie und den Koriander mit einem Kräuterzweig oder mit einem Faden Küchengarn zusammenbinden.
Das Olivenöl in der Cataplana (Kupfertopf) oder in einem großen Topf erhitzen. Den Knoblauch, die Zwiebeln, das Petersilien-Koriander-Bund und das Lorbeerblatt hinzufügen. Den Essig angießen und aufkochen lassen. Den Essig auf mindestens die Hälfte reduzieren.

In der Zwischenzeit die Tomaten an der Unterseite kreuzweise einritzen, einige Sekunden in kochendes Wasser legen oder für 1 Sekunde unter den Grill des Backofens legen. Die Haut abziehen, den Stielansatz herausschneiden und das Fruchtfleisch in Stücke schneiden. Die Kirschtomaten halbieren und den Lauch in Ringe schneiden. Die Paprika halbieren, die Samen und Scheidewände entfernen und das Fruchtfleisch würfeln. Zum Schluss die Merguez in Stücke schneiden. Das Gemüse und die Merguez 4 Minuten in der Cataplana anbraten.

Die Petersilie, den Koriander und das Lorbeerblatt aus der Cataplana nehmen. Die Muscheln gründlich abspülen und zusammen mit dem Fischfond und dem Safran in den Topf geben. Die Cataplana mit einem Deckel verschließen und den Inhalt aufkochen. Nach 5 Minuten Garzeit öffnen sich die Muscheln. Die Muscheln aus der Cataplana schöpfen und Muscheln, die sich nicht geöffnet haben, wegwerfen.

Die Fischfilets in die Cataplana legen, den Deckel auflegen und den Fisch in etwa 4 Minuten gar dämpfen. Die Muscheln wieder zurück in die Cataplana geben, kurz erwärmen und dann servieren. Mit Olivenöl extra vergine und etwas Zitronensaft beträufeln.

Jakobsmuscheln

1 Knolle Rote Bete
3 Jakobsmuscheln (frisch oder tiefgekühlt, diese im Kühlschrank aufgetaut)
1 Zitrone
1 Msp. Meersalz
1 Msp. frisch gemahlener weißer Pfeffer
100 ml weißer Essig
1 EL Thymianblätter
1 EL Korianderblätter plus etwas mehr zum Garnieren
20 g Rohrzucker
1 Zwiebel
rosa Pfefferbeeren zum Garnieren

Außerdem
Eiswasser

Den Backofen auf 220 °C vorheizen. Die Roten Beten in Aluminiumfolie wickeln und im vorgeheizten Backofen in 40 Minuten bissfest garen. Die Roten Beten abkühlen lassen, schälen und in Stücke schneiden. (Dazu am besten Einmalhandschuhe tragen.)

Das Fleisch aus den frischen Jakobsmuscheln lösen und im Eiswasser waschen. Wer die Möglichkeit hat, wäscht sie in Meerwasser, aber ansonsten ist auch normales Eiswasser gut. Die Jakobsmuscheln in Wasser mit etwas Zitronensaft legen und für 5 Minuten in den Kühlschrank stellen. Kalt lassen sie sich besser schneiden. Die Muscheln anschließend mit einem scharfen Messer in 2 mm dicke Scheiben schneiden. Die Scheiben ringförmig auf Teller oder auf eine Platte legen, mit Meersalz und weißem Pfeffer würzen und mit Zitronensaft beträufeln. Für 15 Minuten in den Kühlschrank stellen.

In der Zwischenzeit den Essig mit dem Thymian und den Koriander in einen Stieltopf geben und aufkochen. Die Temperatur reduzieren und die gegarten Rote-Bete-Stücke hinzugeben. Die Kräuter entfernen. Den Topfinhalt mit dem Stabmixer pürieren (oder alles im Standmixer verarbeiten) und den Zucker hinzufügen. Das Püree gut umrühren. Die Zwiebel schälen, in Ringe schneiden und für mindestens 15 Minuten in das Rote-Bete-Püree legen.

Die Jakobsmuscheln aus dem Kühlschrank nehmen. Einige Zwiebelringe aus dem Rote-Bete-Püree nehmen, das Püree in der Mitte der Jakobsmuscheln anrichten und mit den Zwiebelringen belegen. Mit frischem Koriander und rosa Pfefferbeeren garnieren.

SARDINEN IN CHERMOULA

500 g Sardinen
4 EL Chermoula (siehe Seite 255)
4 EL Olivenöl plus 500 ml zum Frittieren
200 g Weizenmehl Type 405
2 EL Paprikapulver
2 EL gemahlene Kurkuma
2 Eier (Gr. L)
4 Knoblauchzehen
2 Zitronen
Harissa (siehe Seite 21)
Mayonnaise (siehe Seite 150)

Die Sardinen säubern (oder den Fischhändler bitten, dies zu übernehmen): Den Kopf abschneiden und die Sardine am Bauch der Länge nach aufschneiden. Die Innereien entfernen. Den Fisch mit einem flachen Messer auf die Arbeitsfläche drücken und vorsichtig die Gräten herausziehen. Es macht nichts, wenn kleine Gräten im Fisch bleiben.

Die Chermoula mit 4 EL Olivenöl in einer flachen Schale verrühren. Die Sardinen hineinlegen. Dabei darauf achten, dass sie von der Chermoula vollständig bedeckt sind.

Das Mehl mit dem Paprikapulver und der Kurkuma in einer Schale oder in einem tiefen Teller mischen. Die Eier in einem zweiten tiefen Teller verquirlen. Die Sardinen flach drücken (wie einen Schmetterling), dann zuerst vorsichtig mehlieren, dann durch das verquirlte Ei ziehen und zum Schluss nochmals im Mehl wenden.

Das Olivenöl in einer tiefen Pfanne oder einem Wok erhitzen. Den Knoblauch schälen und in das Olivenöl legen. Die Sardinen nacheinander von jeder Seite 2 Minuten im heißen Knoblauchöl ausbacken. Die frittierten Sardinen mit einem Schaumlöffel aus dem Topf heben und auf Küchenpapier abtropfen lassen.

Die frittierten Sardinen mit Zitrone, Harissa und Mayonnaise servieren.

FISCH AUS DEM BACKOFEN

500 g Karotten
500 g festkochende Kartoffeln
⅓ rote Paprikaschote
⅓ grüne Paprikaschote
5 EL Chermoula (siehe Seite 255)
1 Bund Koriander (15 g)
1 Bund glatte Petersilie (15 g)
3 Zitronen
5 Limetten
1 kg küchenfertiger Degenfisch (Haarschwanz)
2 TL Olivenöl
6 Knoblauchzehen
1 TL gemahlener Kreuzkümmel
1 TL Harissa (siehe Seite 21)
1 Msp. Salz
frisch gemahlener schwarzer Pfeffer

Die Karotten und die Kartoffeln schälen und in Scheiben schneiden. Die Paprika halbieren, die Samen und die Scheidewände entfernen und das Fruchtfleisch in Streifen schneiden. Das Gemüse in eine Schüssel geben und mit der Chermoula übergießen.

Den Backofen auf 175 °C vorheizen. Den Koriander und die Petersilie auf den Boden einer großen Auflaufform oder einer Fettpfanne legen. Das Gemüse darauf verteilen. Die Zitronen und die Limetten halbieren und zum Gemüse geben. Den Fisch waschen und trocknen, auf das Gemüsebett legen und mit dem Olivenöl beträufeln. Den Knoblauch schälen und in die Form legen. Den Fisch und das Gemüse mit dem Kreuzkümmel bestreuen und die Harisssa darübergeben. Mit Salz und Pfeffer würzen.

Die Auflaufform oder die Fettpfanne mit Aluminiumfolie bedecken und 20 Minuten in den vorgeheizten Backoffen stellen. Dann die Aluminiumfolie entfernen und das Gemüse und den Fisch weitere 20 Minuten garen, bis das Gemüse bissfest ist.

Kurz vor dem Servieren den Saft einer der geschmorten Zitronen über den Fisch träufeln. Den Fisch mit frischem Brot servieren

HUMMER-ESTRAGON-PÄCKCHEN

Für 12–15 Päckchen

500 ml Wasser
1 Msp. Salz
1 lebender Hummer oder vorgegartes Fleisch von 1 Hummer
4 Schalotten
8 Knoblauchzehen
1 Chilischote
1 Bund Estragon (15 g)
1 Bio-Zitrone
1 EL Butter
500 g Hummer- oder Fischfond
50 ml Essig
12 Feigenblätter (oder Bananenblätter)
12 Halme Schnittlauch
54 Artischockenblätter (nach Belieben)

Außerdem
Hummerzange oder -gabel

In einem großen Topf das Wasser mit dem Salz aufkochen. Den Hummer 15 Minuten darin garen. Den Hummer aus dem Wasser nehmen und mit kaltem Wasser abspülen, um den Garprozess zu unterbrechen. Abkühlen lassen. Anschließend das Fleisch aus den Scheren und dem Schwanz mit einer Hummerzange und einer Hummergabel herauslösen und in eine Schüssel legen.

Die Schalotten und den Knoblauch schälen und sehr fein hacken. Die Chilischote aufschneiden und entkernen. Den Estragon fein hacken. Die Schale der Zitrone mit dem Sparschäler in lange Streifen schälen. Dabei darauf achten, dass keine weißen Schalenbestandteile (Mesokarp) an der Schale bleiben. Die geschälten Zitronen beiseitelegen.

Die Butter in einer Pfanne zerlassen. Die Schalotten, den Knoblauch und den Chili darin hellbraun anbraten. Den Estragon, die Zitronenschale, den Fond und den Essig hinzufügen und umrühren. Die Flüssigkeit aufkochen. Die Pfanne vom Herd nehmen und den Fond über das Hummerfleisch geben. Abkühlen lassen.

Etwas glasiertes Hummerfleisch in die Mitte jedes Feigenblatts geben. Jedes Blatt zu einem Päckchen falten und mit einem Schnittlauchhalm zusammenbinden.

Bei Bedarf die Päckchen noch 4 Minuten auf einem Bett von Artischockenblättern dämpfen. Oder mit reichlich Zitronensaft beträufeln und kalt servieren.

Red Snapper mit Rote-Bete-Püree

Dieses Gericht weiß das Meer – das Wasser – und die Erde zu kombinieren: Wir bedecken den Fisch mit einem Rote-Bete-Püree. So ist das Leben, eine Balance zwischen zwei Elementen.

Für 4 Personen

Für das Zitronen-Bete-Püree
200 g Rote Beten
1 Knoblauchzehe
60 ml Zitronensaft
Salz
1 TL Olivenöl (nach Belieben)

Für den Fisch
3 EL Olivenöl
250 g küchenfertige Filets vom Red Snapper
4 Knoblauchzehen
1 TL Cajun-Gewürzmischung (oder Chilipulver)
1 Msp. frisch gemahlener weißer Pfeffer
1 TL fein gehackte glatte Petersilie
1 TL fein gehackter Koriander
½ TL gemahlener Koriander
1 TL fein gehackte Schnittlauchröllchen
4 TL Zitronensaft

Ich koche Rote Beten nicht so gern in Wasser. Deshalb wickle ich sie in Folie und röste sie im Backofen, einfach pur, ohne sonst etwas. Für das Zitronen-Bete-Püree zunächst den Backofen auf 180 °C vorheizen. Die Roten Beten einzeln fest in Aluminiumfolie wickeln und 80 Minuten im Backofen garen. Die garen Beten herausnehmen, kurz abkühlen lassen und dann schälen. (Dazu am besten Einmalhandschuhe tragen.)

Die Roten Beten, den Knoblauch, den Zitronensaft und etwas Salz im Standmixer zu einem lockeren Püree verarbeiten. Soll das Püree noch etwas cremiger werden, dann noch 1 TL Olivenöl unterrühren.

Für den Fisch das Olivenöl in einer großen Pfanne erhitzen. Die Temperatur reduzieren, sobald das Öl heiß ist. Die Fischfilets mit der Haut nach unten in die Pfanne legen. Den Fisch zunächst auf der Hautseite braten, dann wenden. Den Knoblauch schälen und fein hacken.

Die Filets mit dem Knoblauch, der Cajun-Gewürzmischung, dem Pfeffer sowie mit der Petersilie, dem Koriander und dem Schnittlauch bestreuen und mit dem Zitronensaft beträufeln.

Den Fisch auf Tellern anrichten und mit dem Zitronen-Bete-Püree bedecken. So fügen sich Erde und Meer zusammen.

Auf dem Foto liegt das Fischfilet auf einer grünen Guacamole. Daneben sind eine Spinatnocke und ein Zucchiniröllchen zu sehen. Eine schwarze Tuile liegt oben auf. Die entsprechenden Rezepte finden Sie ab Seite 254.

CALAMARI VOM GRILL

Sie haben noch nie Calamari gegessen? Dann wissen Sie vielleicht auch nicht, dass es sich hierbei um Kalmare handelt? In der mediterranen Küche sind die Calamari weit verbreitet und in Marokko, vor allem an der Küste, sind sie noch alltäglicher: Frittiert oder gebraten, mit einem Tupfen Harissa, gehören Calamari zum typischen Streetfood des Landes.

2 große Kalmare (gesamt ca. 2 kg)
4 Knoblauchzehen
2 EL flüssiger Honig
2 EL Paprikapulver
2 EL gerebelter getrockneter Oregano
2 EL gemahlener Koriander
2 EL gerebelter getrockneter Schnittlauch
2 EL gerebelter getrockneter Estragon
Saft von 1 Zitrone

Für die Garnitur (nach Belieben)
3 Tomaten
2 rote Paprikaschoten
1 Zwiebel
1 Zitrone

Zunächst die Kalmare säubern: Den Kopf, die Innereien und die Tentakel vorsichtig aus der Tube ziehen. Den Chitinstab aus dem Körper ziehen. Die Tentakel vom Kopf abschneiden. Die Tentakel und den Körper gründlich waschen und trocken tupfen. Die Körper in grobe Stücke schneiden oder nach Belieben ganz lassen. Auf dem Foto sind sie im Ganzen abgebildet – sie waren so schön, dass wir sie in ihrer ganzen Pracht zeigen wollten.

Den Knoblauch schälen und in eine Schale reiben. Den Honig, die Kräuter und den Zitronensaft dazugeben und verrühren. Die Kalmare in eine flache Form legen, mit der Marinade bedecken und abgedeckt im Kühlschrank 24 Stunden marinieren.

Die Kalmarstücke aus der Marinade nehmen und auf Grillspieße stecken. Wer möchte, steckt noch grob geschnittenes Gemüse mit auf die Spieße. Auf dem Foto sind Tomaten, Paprika, Zwiebel und Zitrone zu sehen. Das wird ein Schmaus, wenn sie gegrillt sind!

Die Spieße auf den Grill legen oder in einer Grillpfanne braten, je nach Lust und Laune. Die Calamari sind gar, wenn das Fleisch weich und leicht gebräunt ist. Mit dem Messer muss es sich leicht schneiden lassen. Der Kalmar verändert seine Farbe von durchsichtig zu weiß und das Fleisch ist fest, aber zart. Es wird nicht zäh.

M-G
M.C.Z
FISH
16544-A-54
UNHAP
CONGELADOS
ALOISE
715

ROCHENFILET MIT KONFIERTEM LAUCH UND KAPERNÄPFELN

Für dieses Gericht zuerst den Lauch, dann die geschmorten Tomaten und die Kapernäpfel und zum Schluss den Rochen zubereiten.

Für den Lauch
200 ml Essig
50 g Rohrzucker
4 EL flüssiger Honig
1 Zweig Thymian
3 Stangen Lauch
1 Zwiebel

Außerdem
1 großes (Einmach-)Glas

Für die Schmortomaten
4 Knoblauchzehen
500 g Tomaten
2 EL Olivenöl
1 Msp. frisch gemahlener schwarzer Pfeffer
1 Zweig Thymian

Für die Kapernäpfel
1 Knoblauchzehe
1 Zwiebel
1 Tomate
100 ml natives Olivenöl extra
2 Sternanis
200 g frische Kapernäpfel
1 eingelegte Zwiebel (siehe Seite 38)
Saft von ½ Zitrone
1 TL Meersalz
1 EL Thymianblätter

Eingelegter Lauch
Den Essig in einem Stieltopf aufkochen. Den Zucker und den Honig unterrühren. Die Thymianblätter hinzufügen.

Das Grün vom Lauch abschneiden und anderweitig verwenden. Die weißen Lauchteile längs halbieren oder vierteln. Die Zwiebel schälen und vierteln. Den Lauch und die Zwiebel in das Einmachglas geben und mit der Zucker-Essig-Mischung übergießen. Mindestens 1 Tag vor der weiteren Verwendung stehen lassen.

Geschmorte Tomaten
Den Backofen auf 225 °C vorheizen.

Den Knoblauch schälen und fein hacken. Die Tomaten halbieren und das Innere komplett entfernen. Die Tomaten mit dem Olivenöl, dem Pfeffer und dem Knoblauch mischen. Die Tomaten mit der Haut nach oben auf ein mit Backpapier ausgelegtes Backblech legen und mindestens 25 Minuten im vorgeheizten Backofen schmoren. Die Tomaten abkühlen lassen und in dünne Scheiben schneiden.

Frische Kapernäpfel
Den Knoblauch schälen und fein hacken. Die Zwiebel schälen und in Ringe schneiden. Die Tomate vierteln.

Das Olivenöl in einer Pfanne erhitzen. Den Knoblauch, die Zwiebel, die Tomate und den Sternanis darin anschwitzen, bis die Zwiebel glasig wird.

Die Kapernäpfel halbieren und mit der eingelegten Zwiebel in die Pfanne geben. Die Tomate und den Sternanis herausnehmen. Den Zitronensaft hineinrühren. Mit Meersalz und Thymian würzen.

Für den Rochen
500 g küchenfertiges Rochenfilet
1 Msp. Meersalz
100 ml neutrales Pflanzenöl

Rochen
Den Rochen vor der Zubereitung 20 Minuten auf Zimmertemperatur bringen.

Den Backofen auf 175 °C vorheizen. Das Rochenfilet bei Bedarf von Gräten befreien. Beide Seiten leicht mit Salz würzen. Das Pflanzenöl in einer feuerfesten Pfanne erhitzen. Das Rochenfilet darin bei geringer Hitze beidseitig 4–5 Minuten braten, bis es rundherum goldbraun ist. Die Pfanne in den vorgeheizten Backofen stellen und den Fisch weitere 5 Minuten garen. Die Pfanne aus dem Backofen nehmen und den Inhalt einige Minuten abkühlen lassen.

Anrichten
Das Fischfilet in Stücke teilen und auf Tellern anrichten. Ein Stück geschmorte Tomate, etwas Zwiebel und Sauce der Kapernäpfel mit zwei Esslöffeln zu einer Nocke formen und diese auf dem äußeren Rand des Tellers plazieren. Den Lauch, die Kapernäpfel und die Tomaten darum herum anrichten.

HERZHAFTER MACARON MIT HAI

Für diesen besonderen Imbiss müssen Sie verschiedene Komponenten zubereiten: herzhafte Macarons, ein Mandel-Bete-Püree, ein Zwiebelpüree und zum Schluss den Hai.

Für die Macarons
100 g Mandelmehl
2 TL Knoblauchpulver
1 Msp. Salz
5 Eiweiß
einige Tropfen Essig oder
1 Msp. Essigpulver

Außerdem
Spritzbeutel mit Lochtülle

Macarons
Das Mandelmehl, das Knoblauchpulver und das Salz in einer Gewürzmühle oder im Standmixer extra fein vermahlen. Die Mischung durch ein feines Sieb in eine Schüssel sieben.

Mit dem Handrührgerät die Eiweiße in einer fettfreien Schüssel sehr steif schlagen. (Sie müssen die Schüssel umdrehen können, ohne dass der Eischnee herausfällt.)

Das Knoblauch-Mandel-Mehl mit einem Spatel in drei Portionen vorsichtig unter den Eischnee heben. Mit dem Spatel am Rand der Schüssel entlangstreichen, damit sich alles gut vermischt. 3 Tropfen Essig oder das Essigpulver hinzufügen und den Essig oder das Pulver unter den Eischnee heben, bis der Teig steif ist und sich mit dem Spatel eine Acht nachzeichnen lässt, ohne dass der Teig zerläuft. Dabei nicht zu lange rühren.

Den Macaron-Teig in einen Spritzbeutel mit Lochtülle füllen. Auf ein mit Backpapier bedecktes Backblech im Abstand von je 2 cm Tupfen von je 8 cm Durchmesser aufspritzen. Danach mit dem Backblech fünfmal gegen die Arbeitsfläche klopfen, damit sich die Luftbläschen im Teig auflösen. Die Macarons 30–60 Minuten bei Zimmertemperatur antrocknen lassen.

Inzwischen den Backofen auf 180 °C vorheizen. Anschließend die Macarons 17 Minuten backen, bis die Unterseite leicht aufgegangen ist und nicht mehr am Backpapier klebt. Die Macarons auf einem Kuchengitter abkühlen lassen.

Für das Mandel-Bete-Püree
100 g Mandelkerne (naturbelassen, mit Haut)
200 g ungesüßte Mandelmilch
1 Knolle Rote Bete
2 kleine Zwiebeln
2 Knoblauchzehen
1 große Prise Chilipulver
1 TL fein gehackter frischer Ingwer
1 TL Zitronensaft

Für das Zwiebelpüree
5 Zwiebeln
2 Knoblauchzehen
75 ml Olivenöl
1 Msp. gemahlene Kurkuma
1 Msp. Kreuzkümmel
2 Safranfäden
25 ml Wasser
1 Msp. gemahlener Zimt

Für den Fisch
200 g (Hunds-)Hai oder Steinbutt, in Tranchen geschnitten
2 kleine Zwiebeln
1 Knoblauchzehe
2 EL Olivenöl
1 TL Schalenabrieb von 1 Bio-Zitrone
1 TL Zitronensaft
1 Msp. Salz

Mandel-Bete-Püree
Etwas Wasser mit den Mandeln in einen Stieltopf geben, aufkochen, etwa 4 Minuten kochen, dann das Wasser abgießen. Die blanchierten Mandeln häuten und zurück in den Topf geben. Die Mandelmilch angießen und die Mandeln darin 1 Stunde einweichen. Inzwischen die Rote Beten schmoren. Dazu den Backofen auf 220 °C vorheizen. Die Beten einzeln fest in Aluminiumfolie wickeln und im vorgeheizten Backofen in etwa 40 Minuten bissfest garen. Die garen Beten etwas abkühlen lassen.

Die Zwiebeln und den Knoblauch schälen und fein hacken. Die gegarten Roten Beten schälen und würfeln. (Dazu am besten Einmalhandschuhe tragen.) Die Zwiebeln, den Knoblauch und die Rote-Bete-Würfel in einen Topf geben. Die Mandelmilch mit den eingeweichten Mandeln darübergießen. Das Chilipulver und den Ingwer dazugeben. Die Flüssigkeit aufkochen und den Topfinhalt etwa 5 Minuten bei geringer Temperatur köcheln lassen. Leicht abkühlen lassen, den Zitronensaft hinzufügen und den Topfinhalt mit dem Stabmixer (oder im Standmixer) pürieren.

Zwiebelpüree
Die Zwiebeln und den Knoblauch schälen und fein hacken. Das Olivenöl in einer Pfanne erhitzen. Die Zwiebeln und den Knoblauch hineingeben. Die Kurkuma, den Kreuzkümmel und den Safran darüberstreuen, behutsam verrühren und alles bei geringer Temperatur 12 Minuten schmoren. Das Wasser angießen, den Topf mit einem Deckel verschließen und den Topfinhalt weitere 15 Minuten köcheln lassen. Die Zwiebeln danach mit dem Zimt bestreuen und im offenen Topf schmoren, bis sie weich und gut gebräunt sind. Die geschmorten Zwiebeln in einem Durchschlag abtropfen lassen, dann im Standmixer zu einem glatten Püree verarbeiten.

Fisch
Jede Fischtranche in zwei bis drei große Stücke schneiden. Die Zwiebeln schälen und in Ringe schneiden. Den Knoblauch schälen und fein hacken. Das Olivenöl in einer Pfanne erhitzen. Die Zwiebeln, den Knoblauch, den Zitronenabrieb und den Fisch in das heiße Öl geben. Die Fischstücke auf jeder Seite goldbraun braten, dann wenden. Den Zitronensaft hinzugeben. Den Fisch von der anderen Seite ebenfalls goldbraun braten.

Anrichten
Auf jedem Teller einige Löffel Mandel-Bete-Püree verstreichen. Einen Macaron in die Mitte des Tellers legen. Das Zwiebelpüree in einen Spritzbeutel mit Lochtülle füllen und auf den Macaron spritzen. Die gebratenen Fischstücke mit Salz würzen und schräg in schmale Streifen schneiden. Den Fisch auf dem mit Zwiebelpüree bestrichenen Macaron anrichten und einige Zwiebelringe darauf verteilen. Einen zweiten Macaron als Deckel auflegen. Diesen nach Belieben mit essbaren Blüten (wie auf dem Foto) oder mit einem grünen (Kräuter-)Salat garnieren.

GERÄUCHERTER ROGEN

Auf diesem Foto sind lange Stränge Rogen vom Degenfisch (Haarschwanz) zu sehen. Der Rogen wird mit Morcheln und Knoblauchsahne serviert.

Für den Rogen

25 g getrocknete Teeblätter nach Belieben
1 Bund Minze
1 Bund Rosmarin
Schale von 1 Bio-Zitrone
Schale von 1 Bio-Orange
küchenfertiger Rogen von Degenfisch (Haarschwanz), Makrele oder Seezunge (eventuell beim Fischhändler vorbestellen)

Für die Knoblauchsahne

50 g vegane Sahne
3 konfierte Knoblauchzehen (siehe Seite 218)
Salz

Für die Morcheln

25 g frische Morcheln
1 TL Olivenöl
1 TL Aceto balsamico
1 Msp. Salz

Die Teeblätter, die Kräuter, die Zitronen- und Orangenschale auf den Boden einer Couscoussière oder eines Smokers legen. Erhitzen, bis die Kräuter zu rauchen beginnen. Den Rogen in Strängen auf die Kräuter legen und 6 Minuten räuchern.

Für die Knoblauchsahne die gekühlte vegane Sahne in einer Schüssel steif schlagen. Den Knoblauch pürieren und unter die Sahne heben. Mit etwas Salz würzen.

Für die Morcheln die Morcheln behutsam in Salzwasser waschen, vorsichtig ausdrücken und mit Küchenpapier trocken tupfen. Das Olivenöl in einer Pfanne erhitzen. Die Pilze darin bei hoher Temperatur dunkelbraun braten. Mit dem Aceto balsamico beträufeln und mit etwas Salz würzen.

Mit einem Löffel etwas Knoblauchsahne auf jedem Teller verstreichen. Den geräucherten Rogen in die Mitte der Teller geben und mit den Morcheln, gezuckerten Tomaten (siehe Seite 30), Koriander, Kürbiskernen und essbaren Blüten nach Belieben garnieren.

EINGELEGTES THUNFISCHHERZ IN SCHWARZER TINTE

Vom Thunfisch verwenden wir im Nur alles: Augen, Gräten und Herz. Das ist eine alte, kluge Tradition. Salz, Zucker und Kräuter leisten Unterstützung, um alles länger haltbar und aromatisch zu machen.

Wenn wir das Thunfischherz einlegen, bekommt es einen intensiven Geschmack. Die schwarze »Tinte« ist eine perfekte Ergänzung und sorgt für eine wahre Geschmacksexplosion im Mund. Sie können das eingelegte Herz auch hobeln, wenn es getrocknet ist. So schmeckt es köstlich in Salaten oder zu Brot und zum kleinen Imbiss.

Für das Thunfischherz

500 g Zucker
250 g Salz
2 Bio-Orangen
1 Bio-Zitrone
1 Zweig Rosmarin
1 Thunfischerz*

Für die Tintensauce

4 Thunfischaugen
100 ml Olivenöl
60 g Rohrzucker
200 ml Wasser
2 Zitronen
1 Bund frische Lorbeerblätter (alternativ 3 getrocknete Lorbeerblätter)
3 Tomaten**
2 Auberginen**
2 Paprikaschoten**
1 Artischocke
50 g Knoblauchzehen
1 Stange Lauch
200 g schwarze Sesamsaat
1 TL fein gehackter frischer Ingwer

Thunfischherz

Zum Fermentieren des Thunfischherzes den Zucker und das Salz in einer Schüssel mischen. Die Schale der Orangen und Zitrone darauf verteilen. Die Nadeln von den Rosmarinzweigen zupfen und dazugeben. Alles gut vermischen.

Die Hälfte der Zucker-Salz-Mischung in eine zweite Schüssel geben, das Thunfischherz darauflegen und mit der restlichen Zucker-Salz-Mischung bedecken. Das Thunfischherz im Kühlschrank 48 Stunden abgedeckt ziehen lassen.

Tintensauce

Die Thunfischaugen in einen Stieltopf geben und mit Öl bedecken, bei mittlerer Temperatur erwärmen, dann abkühlen lassen.

Für die schwarze Tintensauce den Zucker in einen großen Topf geben, das Wasser angießen und den Zucker unter Rühren auflösen. Den Saft der Zitronen auspressen und in den Sirup geben. (Es dürfen keine Zitronenkerne in den Sirup gelangen.) Die Lorbeerblätter hinzufügen.

Die Tomaten, Auberginen, Paprika, Artischocke sowie den Knoblauch und den Lauch unter dem Backofengrill oder auf dem Grill schwarz werden lassen.

Die Sesamsaat etwa 4 Minuten in einer trockenen Pfanne rösten.

Das große schwarz gegrillte Gemüse – etwa die Artischocke – in kleine Stücke schneiden. Das schwarz gegrillte Gemüse und den Ingwer zu dem Zuckersirup in den Topf geben. Den Sirup aufkochen. Die Lorbeerblätter herausnehmen und den Topfinhalt nach dem Aufkochen in einen Standmixer geben. Die Thunfischaugen hinzufügen – sie haben eine gelatineartige Eigenschaft –, alles erwärmen und dann zu einer glatten Sauce mixen. Die Sauce kühl stellen.

Anrichten

Das gekühlte Thunfischherz aus der Zucker-Salz-Mischung nehmen und abspülen. Auf einen Servierteller legen und mit der schwarzen Sauce anrichten. Auf dem Foto liegen noch Orangenspalten daneben, darauf ein Flan Marino und ein Gebäckschiffchen mit Thunfischlebermousse.

* Auf die gleiche Weise können Sie auch Fischleber einlegen. Fischleber gibt es beim Fischhändler.

** Sie benötigen nur die Schalen. Sie können auch die gegrillten Schalen verwenden, die Sie beispielsweise von der Zubereitung von Zalouk (siehe Seite 84) oder Paprikasalat (siehe Seite 88) übrig haben.

MASSA

FRITTIERTE SARDELLEN

Sardellen eignen sich einfach großartig für ein Fest oder eine Familienfeier. An der marokkanischen Küste werden sie auch als Tapas serviert. Sie können sie problemlos im Ganzen essen – mit Gräten und allem. Diese Sardellen werden bei uns auch als Streetfood verkauft. Meist werden sie auf einem Brötchen mit gebratenen Kartoffeln, hart gekochtem Ei und Harissa gegessen. Dann haben Sie für den Rest des Tages garantiert keinen Hunger mehr.

450–500 g frische ganze Sardellen
150 g Weizenmehl Type 405
Salz nach Geschmack
250 ml Olivenöl plus etwas mehr zum Beträufeln
Chilipulver (nach Belieben)
1 Zitrone
Brot als Beilage

Die Sardellen gründlich abspülen. Die Köpfe eventuell entfernen, aber das ist nicht unbedingt erforderlich: Die Fische sind so klein, dass sie im Ganzen gegessen werden können.

Das Mehl auf einem Teller verteilen und mit wenig Salz mischen. Die Sardellen im Mehl wenden.

Das Olivenöl in einer tiefen Pfanne auf mittlere Temperatur erhitzen. (Es sollte nicht zu rauchen beginnen.) Die Sardellen vorsichtig in das heiße Olivenöl legen und in etwa 3 Minuten goldbraun braten. Weiterhin darauf achten, dass das Öl nicht zu rauchen beginnt.

Die Sardellen mit einem Schaumlöffel aus der Pfanne heben und auf Küchenpapier abtropfen lassen. Nach Belieben mit Salz und Chilipulver bestreuen.

Die Sardellen mit Zitrone, Olivenöl und Brot servieren.

FLEISCH

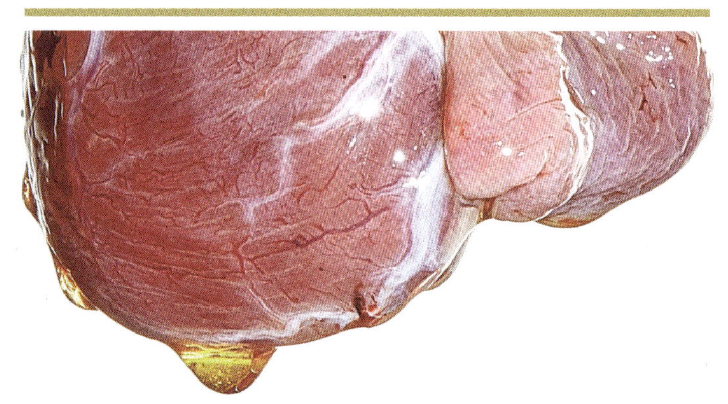

RINDERHAXE

2 große Zwiebeln
8 Knoblauchzehen
6 EL natives Olivenöl extra
250 ml lauwarmes Wasser
5 Safranfäden
2 EL Ras el-Hanout (siehe Seite 20)
4 EL gemahlener Kreuzkümmel
1 Bund glatte Petersilie (15 g)
500 g über Nacht eingeweichte Kichererbsen
600 g Rinderhaxe

Außerdem
Schnellkopftopf

Die Zwiebeln und den Knoblauch schälen und in Stücke schneiden. Das Olivenöl in einem Topf erhitzen. Die Zwiebeln und den Knoblauch darin glasig schwitzen.

In der Zwischenzeit das Wasser in ein Glas oder eine Schale geben und die Safranfäden hineinlegen, damit sich Aroma und Farbe lösen.

Das Safranwasser, das Ras el-Hanout und den Kreuzkümmel mit den Zwiebeln und dem Knoblauch in einen Topf geben, verrühren, aufkochen und dann sofort die Herdplatte abschalten.

Für die Zubereitung des Fleisches verwendeten wir auf dem Foto eine Tangia, einen traditionellen Schmortopf aus Ton (nicht zu verwechseln mit der Tajine). Man kann den Topf auf den Herd setzen oder in einer Kuhle mit Kohlefeuer eingraben. Zu Hause ist ein Schnellkopftopf eine gute Alternative. Im normalen Topf dauert es 6–7 Stunden, bis das Gericht fertig gegart ist.

Die Petersilie mit einem Petersilienstiel oder Küchengarn zusammenbinden. Die Petersilie zusammen mit allen Zutaten in die Tangia oder in den Schnellkochtopf geben. Alles gut umrühren. Den Topf verschließen, den Inhalt zum Kochen bringen und bei geringer Temperatur etwa 1 Stunde weitergaren. Das Haxenfleisch ist fett und braucht einige Zeit, bis es fertig gegart ist. Nach 1 Stunde probieren und nach Geschmack Salz und Kräuter hinzugeben. Die Petersilie vor dem Servieren entfernen.

Vom Haxenfleisch essen wir fast alles: das Fleisch, das Mark – nur den Knochen nicht! Mit einer pikanten Sauce und einem knusprigen Stück Brot ist dies ein überaus köstliches Gericht.

MARINIERTE HOCHRIPPE

Für die Gewürzmischung
2 EL Paprikapulver
2 EL gemahlener Koriander
2 EL gerebelter getrockneter Rosmarin
4 EL gerebelter getrockneter Thymian
1 TL geräuchertes Paprikapulver (Pimentón de la Vera dulce)
½ TL gemahlene Chilischote
½ TL gemahlener Kreuzkümmel
1 TL Kardamomkapseln
5 Sternanis
2 Gewürznelken
400 g Salz

Für das Fleisch
10 Knoblauchzehen
1 EL fein gehackter frischer Ingwer
2 EL flüssiger Honig
abgeriebene Schale von ½ Bio-Zitrone
100 ml Zitronensaft
100 ml Olivenöl
1 kg Hochrippe vom Rind

Für die Gewürzmischung alle Zutaten im Standmixer zu einem feinen Pulver vermahlen und in ein Schälchen geben. Der Duft wird Sie umhauen!

Den Knoblauch, den Ingwer, den Honig, den Zitronenabrieb und -saft sowie das Olivenöl im Standmixer sehr fein mixen. Es soll eine homogene Mischung entstehen. Das Gewürzpulver dazugeben und alles gut umrühren. Das Fleisch von allen Seiten mit der Marinade bestreichen, in eine Schale legen und über Nacht ziehen lassen.

Den Backofen auf 140 °C vorheizen (bei dieser Temperatur braten wir das Fleisch im dörflichen Gemeinschaftsofen). Das Fleisch in eine doppelte Lage Backpapier wickeln und im vorgeheizten Backofen 1 Stunde garen. Das Fleisch alle 15 Minuten wenden, damit es von allen Seiten gleichmäßig gart.

Das Fleisch aus dem Backofen nehmen, vom Fett befreien nochmals 1 Stunde im Backofen fertig garen.

Die Hochrippe vor dem Servieren 45 Minuten ruhen lassen. Sie können sie warm oder kalt essen, beispielsweise zu Brot – ganz, wie Sie möchten.

GEBRATENES HÄHNCHEN MIT SCHOKOLADENSAUCE

Für das Brathähnchen

1 Brathähnchen (ca. 800 g)
1 Handvoll Salz
2 Zitronen
4 Zwiebeln
3 Knoblauchzehen
2 EL natives Olivenöl extra
5 Safranfäden
1 TL gemahlene Kurkuma
1 TL frisch gemahlener weißer Pfeffer
4 EL gemahlener Ingwer
50 ml Wasser
2 TL Salz

Bevor wir das Hähnchen zubereiten (egal, für welches Gericht), wird der Vogel gesäubert: Das Hähnchen in einer Schüssel mit Wasser waschen, dann mit Salz einreiben. Die Zitronen halbieren und das Hähnchen mit der Schnittfläche einreiben. Das Hähnchen in einen Plastikbeutel legen und 1 Stunde im Kühlschrank ruhen lassen.

Die Zwiebeln und den Knoblauch schälen. Die Zwiebeln in Ringe, den Knoblauch in Scheiben schneiden. Das Olivenöl in einer großen Bratpfanne erhitzen. Die Zwiebeln, den Knoblauch, den Safran, die Kurkuma, den Pfeffer und den Ingwer hineingeben und verrühren. Das Hähnchen in die Pfanne legen und unter gelegentlichem Wenden 35 Minuten braten, bis es rundum goldbraun und vollständig durchgegart ist. Das Hähnchen aus der Pfanne nehmen und bei 90 °C warm stellen. Die Zwiebeln und den Knoblauch weitere 20 Minuten leicht schmoren, bis sie ganz gebräunt sind. Dann das Wasser angießen, mit Salz würzen und mit dem Stabmixer (oder im Blender) zu einer glatten, sämigen Sauce pürieren.

Für die dunkle Schokoladensauce
3 Auberginen
6 rote Chilischoten
3 grüne Chilischoten
4 Knoblauchzehen
1 Zwiebel
4 Tomaten
1 TL gemahlener Kreuzkümmel
1 TL Piment
1 EL Thymianblätter
1 EL Oreganoblätter
1 Zimtstange
2 TL gemahlener Ingwer
2 TL fein gehackter frischer Ingwer
2 Sternanis
4 EL schwarze Sesamsaat
1 TL gemahlene Muskatnuss
200 g geröstete Erdnusskerne (ungesalzen)
30 g Mandelkerne (naturbelassen, mit Haut)
30 g Pekannusskerne
4 EL Salz
2 l heiße Geflügelbrühe
200 dunkle Schokolade (mit 70 % Kakaoanteil)

Dunkle Schokoladensauce
Die geputzten Auberginen unter dem Backofengrill oder auf dem Grill garen, bis die Haut rundum schwarz ist. Den Stielansatz abschneiden und die Aubergine in grobe Stücke schneiden.

Die grünen Stiele der Chilischoten entfernen. Den Knoblauch und die Zwiebel schälen. Die Tomaten halbieren.

Alle Zutaten mit Ausnahme der Schokolade in einen großen Topf geben. Die Flüssigkeit zum Kochen bringen und den Topfinhalt 45 Minuten leicht köcheln lassen, bis das Gemüse gar ist. Den Topfinhalt in den Standmixer geben und zu einer glatten, sämigen Sauce pürieren. Die Sauce zurück in den Topf geben und weitere 5 Minuten köcheln lassen, dann abkühlen lassen. (Bis zu diesem Schritt können Sie die Sauce zubereiten, während das Hähnchen im Kühlschrank liegt oder gebraten wird. Die Sauce erst weiter fertigstellen, wenn das Hähnchen gar ist.)

Die Schokolade in Stücke hacken, in eine Metallschüssel geben und diese über ein heißes Wasserbad stellen. Dabei darauf achten, dass der Schüsselboden die Wasseroberfläche nicht berührt. Die Schokolade unter Rühren schmelzen lassen, bis sie flüssig ist. Die flüssige Schokolade löffelweise in die Sauce geben und gut hineinrühren.

Anrichten
Das gebratene Hähnchen in schöne Stücke teilen. Jeden Teller mit etwas Zwiebelsauce bestreichen. Einen Löffel dunkle Schokoladensauce dazugeben und das Hähnchen darauf anrichten. Auf dem Foto haben wir den Teller mit einer Nocke aus gegarter Quinoa, getrockneten Blaubeeren, einer Himbeere und essbaren Blüten garniert.

PILZE UND GEMÜSE AUS DEN BERGEN

Zwar mag man Reichtum in Gold bemessen, doch auf dem marokkanischen Boden wachsen Produkte, die mir noch viel wertvoller sind: Von Artischocken bis zu Granatäpfeln, von Kichererbsen bis zu Favabohnen. Etwas ganz Besonderes sind die vielen Pilze, die häufig unter widrigen Umständen gesammelt werden …

Meine Tante erzählt manchmal, dass früher, als sie noch ein Kind war, sehr häufig weiße Trüffel gegessen wurden. Das war damals für die Menschen ganz normal, obwohl sie überhaupt nicht reich waren. Sie kauften sie nicht, sondern suchten sie selbst im Wald.

Wir haben eine riesige Vielfalt an wundervollen Produkten in Marokko. Das gilt wahrscheinlich für ganz Afrika, doch unser Reichtum wird größtenteils exportiert. Doch es genügt nicht, nur schöne Produkte zu besitzen, der Reichtum muss auch in Gerichte übersetzt werden. Produkte sind wie Rohdiamanten: Man muss sie bearbeiten. Das ist es, was mich am Kochen in Marokko so inspiriert.

Das Angebot auf dem Markt bestimmt unser Tagesmenü. Damit wird es zubereitet. Wahrscheinlich kann man sagen, dass auf diese Weise meine Küche eng den wechselnden Jahreszeiten folgt. Am Ende des Abends ist alles verbraucht; am folgenden Tag, frühmorgens, werden erneut frische Produkte angeliefert und wir beginnen wieder von vorn. Immer ist alles absolut frisch. Einige Gäste bleiben vier Tage in Fez und können problemlos zwei- oder dreimal bei uns zu Abend essen, denn das Menü wechselt allabendlich. Ich liebe das. Sagen Sie mir einfach, was Sie mögen und was nicht. Ich bereite ein großartiges *Tasting Menu* für Sie zu, *à la minute.* Auch Kochen für Vegetarier sehen wir als eine Herausforderung an. Nicht, weil es schwierig wäre, ganz im Gegenteil: Einfach, weil wir so viele verschiedene Möglichkeiten haben! Wir können vegetarische Gerichte zubereiten, bei denen unsere Gäste glauben, sie äßen Fleisch. Aber das ist nicht der Fall. Es geht darum, was wir mit dem Gemüse gemacht haben: wir haben es eingelegt, getrocknet, auf spezielle Weise zubereitet und es kombiniert.

Viele unserer Produkte stammen aus den Bergen. Das ist Marokkos Goldmine. Unser Olivenöl kommt daher, ebenso unser Gemüse und unsere Früchte: Granatäpfel, Zitrusfrüchte, frische Favabohnen, frische Kichererbsen, Artischocken, Tomaten. Kürbisse, Karotten und Rote Beten. Ich bin verrückt nach Roten Beten, das werden Sie in diesem Buch sicher merken.

Unsere Bio-Foie-gras, die Gänseleber, kommt aus der Nähe von Rabat, und sie wird von dort aus in die ganze gastronomische Welt exportiert. Manchmal denke ich: Wenn wir unsere Produkte – Gemüse, Früchte, Fleisch und Fisch – zu den weltweit üblichen Marktpreisen verkauften, ginge es Marokko im internationalen Vergleich viel besser. Kräuter und Gewürze sind von außerordentlicher Qualität. Das liegt an der Art, wie sie geerntet und gewaschen werden, wie die Samen getrocknet werden. Das ist viel Arbeit, aber das Ergebnis kann sich sehen lassen: Das Aroma unserer Kräuter ist unvergleichlich gut.

Aber was viele Menschen noch überraschender finden, ist die enorme Vielfalt an Pilzen, die Marokko zu bieten hat. Vor einiger Zeit war der britische Sternekoch Gordon Ramsay bei mir in Fez zu Gast. Er war total erstaunt von der Qualität der Produkte, die ich verarbeite, aber er konnte sich gar nicht mehr einkriegen, als er hörte, was für unterschiedliche Pilze wir in der Küche verwenden. Meist ist es so, dass in einem Restaurant ein Pilzgericht auf der Karte steht, das unbezahlbar ist. Wir servieren an einem Abend regelmäßig mehrere Gerichte, in denen die exquisitesten Pilze verarbeitet sind. Unsere Gäste rechnen inzwischen damit. Wir haben Steinpilze, Morcheln, Pfifferlinge, Trüffel, Totentrompeten und noch viele andere Pilzsorten. Ich habe noch nie einen Pilz aus einem anderen Land einkaufen müssen. »Sie sind vermutlich Millionärin, dass Sie sich all das erlauben können«, sagte Gordon Ramsay zu mir. Keinesfalls! Die Pilze wachsen einfach in den Bergen. Sie werden von Frauen behutsam gesammelt, denn Pilze sind sehr empfindlich. Gesammelt wird, wenn es draußen kalt ist. Dann werden sie aus den Bergen in aller Frühe zu den Märkten gebracht. Oder, und auch das ist nicht unüblich, ins Ausland exportiert.

Da wir so viele Pilze haben, sind sie für meine Küche sehr wichtig. Wenn sie angeliefert werden, weiß mein Küchenteam, dass es sich an die Arbeit machen muss. Wir schnuppern daran, probieren sie und überlegen, was wir mit ihnen anstellen können. Frisch gesammelte Pilze verarbeiten wir direkt am selben Abend, aber einige trocknen wir auch für die Zeiten, in denen sie nicht frisch erhältlich sind. Wenn sie ein Gefäß mit getrockneten Pilzen öffnen, füllt sich die Küche gleich mit dem herrlichen Aroma.

Die Pilzsaison beginnt im Oktober. Wenn es geregnet hat, ist das für uns im Nur das Zeichen: In den nächsten 24 Stunden bekommen wir frische Pilze. Darauf freue ich mich immer unbändig. Auch wenn ich in den Niederlanden bin und es wieder einmal regnet, denke ich voller Glück: Köstlich, endlich Pilzsaison.

Rinderfilet mit rosa Sauce und Pilzen

Zum Filet wird eine rosa Sauce mit Chilis, Kirschen, Himbeeren und Vanille und eine kräftige Rindersauce serviert. Die Garnitur besteht aus gebratenen Pilzen, Trüffeln und frischen Kümmelsamen. Bereiten Sie zuerst die Saucen und dann das Fleisch zu. Die Pilze braten Sie, während das Fleisch ruht.

Für die rosa Sauce
1 rote Chilischote
1 rosa Chilischote
1 gelbe Chilischote
100 g Kirschen
25 g Himbeeren
1 Vanilleschote
1 EL Anissamen
4 EL weiße Sesamsaat
1 EL schwarze Pfefferkörner
2 EL Kokosöl
125 g Walnusskerne
125 ml Granatapfelsaft
125 ml Rinderbrühe
200 g geschmorte Rote Beten
1 geschmorte Süßkartoffel
(siehe Seite 239)
3 Knoblauchzehen
gemahlener Kreuzkümmel
Salz
frisch gemahlener schwarzer Pfeffer
1 Zitrone

Rosa Sauce
Die Chilis aufschneiden, entkernen und fein hacken. Die Kirschen entkernen. Die Himbeeren halbieren.

Die Vanilleschote der Länge nach aufschneiden. Die Vanilleschote, die Anissamen, die Sesamsaat und Pfefferkörner in einer tiefen Pfanne ohne Fettzugabe rösten, bis die Mischung duftet. Dabei darauf achten, dass der Pfanneninhalt nicht anbrennt. Die Temperatur reduzieren. Bei mittlerer Temperatur das Kokosöl in die Pfanne geben und schmelzen lassen. Dann die Chilis, die Walnusskerne, die Himbeeren und die Kirschen in die Gewürzmischung rühren und sanft braten, bis die Chilis weich sind. Den Granatapfelsaft und die Brühe angießen und bei geringer Temperatur 5 Minuten einreduzieren.

Die Roten Beten und die Süßkartoffel schälen, in Stücke schneiden und in die Pfanne geben. Den Knoblauch schälen, ebenfalls in den Topf geben und das Gemüse 35 Minuten bei ganz niedriger Temperatur zu einer farbintensiven, sämigen Sauce einkochen.

Die Sauce im Standmixer glatt pürieren. Mit dem Kreuzkümmel, Salz und Pfeffer würzen. Die Sauce mit etwas frisch gepresstem Zitronensaft abschmecken und bis zum Anrichten warm stellen.

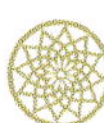

Die gegarte Süßkartoffel dient als Saucenbinder. Stattdessen können Sie auch 2 EL Maisstärke mit 1 EL kaltem Wasser verrühren und die Sauce damit binden.

Für die kräftige Rindersauce
1 l Rinderbrühe
300 g Schalotten
50 g Butter plus 1 EL zum Montieren der Sauce
25 ml Sherryessig
2 TL Aceto balsamico
50 g Dijonsenf
1 l Wasser
25 ml Zitronensaft
1 Bund glatte Petersilie (15 g)
2 Bund Schnittlauch (30 g)
1 Bund Estragon (15 g)
150 g Knochenmark (von Rindermarkknochen)
1 TL gemahlener Ingwer
1 Msp. Salz
frisch gemahlener schwarzer Pfeffer

Für das Rinderfilet
200 g Rinderfilet
1 Knolle Rote Bete, vorgegart
25 ml Wasser
1 TL rosa Pfefferbeeren
1 TL weiße Pfefferkörner
1 TL schwarze Pfefferkörner
1 TL frisch gemahlener schwarzer Pfeffer
1 TL Meersalz
125 ml neutrales Pflanzenöl
Trüffelscheiben zum Garnieren
Kreuzkümmelsamen zum Garnieren

Außerdem
Küchengarn
Fleischthermometer

Kräftige Rindersauce

Die Rinderbrühe in einem großen Topf bei hoher Temperatur auf etwa 100 ml einkochen.

Die Schalotten schälen. 50 g Butter in einer Pfanne zerlassen. Die ganzen Schalotten darin 2 Minuten anbraten, bis sie Farbe annehmen. Den Sherryessig und den Aceto balsamico angießen. Den Fond bei geringer Temperatur auf die Hälfte reduzieren.

Die gebratenen Schalotten aus der Pfanne nehmen. Die reduzierte Rinderbrühe, den Senf und das Wasser in die Pfanne geben und bei hoher Temperatur auf etwa 100 ml reduzieren. Den Zitronensaft hinzufügen und die Sauce weitere 2 Minuten einkochen.

Die glatte Petersilie, den Schnittlauch und den Estragon fein hacken. Die Kräuter und das Knochenmark in die Sauce rühren und alles 20 Minuten leicht köcheln lassen. Die Sauce anschließend mit dem Stabmixer ganz glatt pürieren und mit dem Ingwer, Salz und Pfeffer würzen. Die Sauce leicht abkühlen lassen. Sobald sich auf der Oberseite eine Haut gebildet hat, mit dem Schneebesen 1 EL Butter kalte unterrühren.

Rinderfilet

Das Fleisch mindestens 1 Stunde vor der Zubereitung aus dem Kühlschrank nehmen und auf Zimmertemperatur temperieren.

Die gegarte Rote Bete mit dem Wasser in den Standmixer geben und glatt mixen. Das Rinderfilet zu einer Rolle formen und mit Küchengarn umwickeln. Das Fleisch mit 3 EL Rote-Bete-Püree, allen Pfefferkörnern, dem frisch gemahlenen Pfeffer und dem Salz von allen Seiten gründlich einreiben, bis es ganz mit der Marinade bedeckt ist.

Das Öl in einer Pfanne stark erhitzen. Das Rinderfilet darin von allen Seiten 2–3 Minuten anbraten. (Es sollte von innen noch rosa sein.) Das angebratene Rinderfilet im auf 90 °C vorgeheizten Ofen 5–10 Minuten ruhen lassen, bis es eine Kerntemperatur von 55 °C erreicht hat. (Die Temperatur mit einem Fleischthermometer kontrollieren.) Während das Fleisch ruht, die Pilze zubereiten.

Für die Pilze
100 g frische Steinpilze oder andere Pilze
2 EL Olivenöl
1 Msp. Salz
frisch gemahlener schwarzer Pfeffer
4 EL fein gehackte glatte Petersilie zum Garnieren

Pilze
Die Pilze vorsichtig sauber bürsten und in feine Scheiben schneiden. Das Olivenöl in einer Pfanne erhitzen. Die Pilze darin bei hoher Temperatur 1 Minute anbraten. Die Pfanne vom Herd nehmen. Die Pilze nach Belieben salzen und pfeffern. Vor dem Anrichten mit der Petersilie garnieren.

Anrichten
Einen großen Löffel rosa Sauce auf jeden Teller geben. Das Fleisch in schöne Scheiben schneiden und auf der Sauce anrichten. Die Pilze daneben anrichten. Einen kleinen Löffel Rindersauce darübergeben. Das Fleisch und die Pilze mit Trüffelscheiben und einigen Kreuzkümmelsamen dekorieren.

GEBRATENE ENTE MIT SCHWARZER AUBERGINENSAUCE UND MANGOMOUSSE

Unsere Enten beziehen wir von einem Bauernhof in der Nähe von Rabat. Wir lassen die geschlachteten Enten zehn Tage abhängen. Dann entfernen wir Kopf, Flügel, Füße, bis nur noch der Rumpf übrig bleibt. Wir binden die Enten vor dem Garen mit Küchengarn zusammen und bestreichen sie mit Honig. Dann vermengen wir Lavendel, Kreuzkümmel, Koriander, Ingwer, Salz und Pfeffer und reiben das Fleisch mit dieser marokkanischen Aromenmischung gründlich ein. Das ist die ganze Magie dieser gebratenen Ente.Für dieses Gericht bereiten Sie zuerst die schwarze Auberginensauce, dann die karamellisierte gelbe Paprika und die Mangocreme und zum Schluss die Ente zu.

Für die schwarze Auberginensauce

2 Auberginen
500 g Artischocken
1 Bund glatte Petersilie (15 g)
1 Zwiebel
100 g Herbsttrompeten (alternativ Pfifferlinge)
1 Chilischote
1 Knolle Knoblauch
40 ml Olivenöl
250 ml Wasser
1 Msp. Salz
frisch gemahlener schwarzer Pfeffer
1 TL Zitronensaft

Für die karamellisierte Paprika

2 gelbe Paprikaschoten
200 ml Essig
5 EL flüssiger Honig
2 Zweige Thymian

Schwarze Auberginensauce

Die Auberginen, die Artischocken, die glatte Petersilie, die Zwiebel, die Pilze und die Chilis unter dem Backofengrill oder auf dem Grill garen, bis die Haut schwarz ist. Das schwarze Grillgemüse kurz abkühlen lassen. Dann alle Stiele und nach Belieben die Kerne der Chilis entfernen. Das schwarze Grillgemüse in grobe Stücke schneiden. Die Knoblauchknolle schälen und die geschälten Zehen herauslösen. 15 ml Olivenöl in einer Pfanne erhitzen. Die Knoblauchzehen darin kurz anbraten.

Das Wasser in einem Topf erhitzen. Das schwarze Grillgemüse mit Ausnahme der Chilischote, den angebratenen Knoblauch sowie Salz und Pfeffer in den Topf mit dem heißen Wasser geben. Das Wasser aufkochen und 3 Minuten kochen lassen. Dann die Chilischote dazugeben und den Topfinhalt weitere 20 Minuten bei geringer Temperatur köcheln lassen, kurz abkühlen lassen und im Standmixer zu einer glatten Sauce pürieren. Das restliche Olivenöl und den Zitronensaft hinzufügen und die schwarze Auberginensauce gut umrühren.

Karamellisierte gelbe Paprika

Die Paprikaschoten halbieren, von den Kernen und Scheidewänden befreien und unter dem Backofengrill oder auf dem Grill garen, bis die Haut heiß, aber nicht schwarz ist. Eine Pfanne auf mittlere Temperatur erhitzen und die angegrillten Paprikastücke hineinlegen. Den Essig und den Honig angießen und alles mit den abgezupften Thymianblättern bestreuen. Die Flüssigkeit zum Kochen bringen. Die Paprikastücke bei geringer Temperatur 2 Minuten sanft schmoren lassen. Die Pfanne vom Herd nehmen und die Paprika abkühlen lassen.

Für die Mangocreme
100 g Mangofruchtfleisch
4 EL flüssiger Honig
1 TL Salz
1 Zweig Thymian
abgeriebene Schale von 1 Bio-Zitrone
3 EL Apfelessig
75 ml Wasser
75 g Butter

Für die Ente
1 küchenfertige Ente (ca. 800–1000 g)
4 EL flüssiger Honig
2 EL getrocknete Lavendelblüten
1 TL gemahlener Kreuzkümmel
1 TL gemahlener Koriander
1 TL gemahlener Ingwer
1 Msp. Salz
frisch gemahlener schwarzer Pfeffer
1 Blutorange oder Grapefruit

Mangocreme
Das Mangofruchtfleisch in Stücke schneiden. Die Mangostücke mit allen Zutaten mit Ausnahme der Butter in einen Topf geben bei geringer Temperatur 20 Minuten sanft köcheln lassen. Den Topfinhalt mit dem Stabmixer (oder im Blender) pürieren. Die Butter gründlich in das Mangopüree rühren. Die Mangocreme in einen Spritzbeutel mit Lochtülle füllen.

Ente
Den Backofen auf 180 °C vorheizen.

Die Ente waschen, trocknen, in einen Bräter oder eine Fettpfanne legen, mit dem Honig bestreichen und mit den Lavendelblüten, dem Kreuzkümmel, dem Koriander, dem Ingwer sowie Salz und Pfeffer bestreuen und alles gründlich in die Honigglasur einarbeiten. Die Ente im vorgeheizten Backofen 18–20 Minuten braten, bis die Haut schön braun und knusprig ist. (Die Ente duftet nun wunderbar aromatisch.) Die Ente bis zum Anrichten im auf 90 °C vorgeheizten Backofen warm halten.

Die gebratene Ente aus dem Bräter nehmen. Den Saft der Blutorange auspressen und in den Bratensatz rühren. Diese Sauce bis zum Anrichten warm stellen.

Anrichten
Reichlich schwarze Auberginensauce auf jeden Teller geben. Die Entenbrust in schöne dicke Scheiben schneiden und diese auf der Auberginensauce anrichten. Mit dem Spritzbeutel einige Tupfen Mangocreme auf die Teller spritzen. Die karamellisierte Paprika in Stücke schneiden und dazugeben. Den Teller auf dem Foto haben wir zusätzlich mit getrockneten essbaren Blüten garniert.

ENTENLEBER MIT TRÜFFEL UND ORANGENMOUSSE

Für die Entenleber
250 g Entenlebern
250 ml Vollmilch
1 TL Cognac
1 EL Portwein
1 TL gemahlene Muskatnuss
1 Msp. Salz
frisch gemahlener schwarzer Pfeffer
1 Msp. Rohrzucker
1 Msp. rosa (Himalaya-)Salz
einige Scheiben schwarze Trüffel

Außerdem
Küchenpinzette
1 Stück Käseleinen
Eiswasser

Die Entenlebern in eine Schale legen und mit Milch übergießen. Die Schale mit Frischhaltefolie bedecken und für 12 Stunden in den Kühlschrank stellen.

Die Lebern aus der Milch heben und mit Küchenpapier trocken tupfen. Die Lebern häuten und in der Mitte einschneiden, aber nicht ganz durchschneiden. Die Lebern wie einen Schmetterling aufklappen. Nun sind die Blutgefäße gut zu erkennen. Diese einzeln mit der Küchenpinzette herausziehen.

Die geputzten Lebern mit allen Zutaten mit Ausnahme der Trüffelscheiben in einen Rührbecher geben und mit dem Stabmixer gründlich zu einer Farce vermengen. Ein großes Stück Frischhaltefolie auf die Arbeitsfläche legen und die Leberfarce in einem Strang daraufgeben. Die Folie zu einer Rolle (4 cm Durchmesser) formen und diese 12 Stunden im Kühlschrank ruhen lassen.

Die Rolle mit der Leberfarce aus dem Kühlschrank nehmen und 45 Minuten bei Zimmertemperatur ruhen lassen – die Farce soll formbar werden. Die in die Folie gewickelte Leberfarce in ein Stück Käseleinen wickeln.

Ein Gefäß mit Eiswasser bereitstellen. Reichlich Wasser in einem großen Topf aufkochen. Den Topf vom Herd nehmen. Die eingepackte Leberfarce 90 Sekunden im heißen Wasser pochieren, anschließend sofort in das Eiswasser legen, um den Garprozess zu beenden. Nun lässt sich die Leberfarce formen: Die Enden des Päckchens wie bei einem Bonbon fest zudrehen, damit die Leberfarce schön kompakt wird. Das Päckchen in den Kühlschrank legen und mindestens 15 Stunden kühlen. Rechtzeitig vor dem Anrichten die Orangen- und Knoblauchmousse zubereiten.

Für die Orangenmousse
200 g eiskalte vegane Sahne
1 Bio-Orange
¼ Knolle Fenchel
150 ml frisch gepresster Orangensaft
1 Msp. Salz
frisch gemahlener schwarzer Pfeffer

Für die Knoblauchmousse
5 Knoblauchzehen
200 ml Olivenöl
100 g eiskalte vegane Sahne

Orangenmousse
Die eiskalte vegane Sahne in einer Metallschüssel mit dem Handrührgerät steif schlagen. (Sonst lässt sie sich nicht steif schlagen.) Etwa 1 TL Orangenschale in die Sahne reiben. Den Fenchel putzen und ebenfalls hineinreiben. Danach den frisch gepressten Orangensaft sowie Salz und Pfeffer unter die Sahne heben. Alles locker vermengen. Die Mousse im Kühlschrank aufbewahren.

Knoblauchsahne
Die Knoblauchzehen schälen und halbieren. Den Keim entfernen. Den Knoblauch in einen Stieltopf geben und mit dem Olivenöl übergießen. Das Olivenöl bei geringer Temperatur erwärmen und den Knoblauch etwa 8 Minuten konfieren, bis er weich ist und zerfällt, dann abkühlen lassen. Die eiskalte vegane Sahne in einer Metallschüssel mit dem Handrührgerät steif schlagen. Den Knoblauch aus dem Öl heben, pürieren und unter die Sahne heben.

Anrichten
Die Leberfarce aus der Folie und dem Tuch nehmen. Ein Messer kurz in heißes Wasser tauchen und die Leberfarce damit in schöne runde Scheiben schneiden. Einen Spiegel aus Orangenmousse auf den Tellern anrichten und die Scheiben der Leberfarce darauf anrichten. Mit zwei Teelöffeln Nocken von der Knoblauchmousse abstechen und danebenlegen. Mit den gehobelten schwarzen Trüffeln garnieren. Auf dem Foto ist außerdem noch ein Schnitz Süßkartoffel aus dem Backofen, eingemachte Feige (siehe Seite 45) und Mehrkornbrot (siehe Seite 150) angerichtet.

Sie können die Entenleber auch mit Brot, Käse, Rucola, Tomaten oder einem Salat genießen.

RINDERHERZ VOM GRILL

1 TL gemahlener Ingwer
1 TL gemahlener Kreuzkümmel
1 TL gerebelter getrockneter Oregano
1 TL gerebelter getrockneter Koriander
1 Msp. Salz
frisch gemahlener schwarzer Pfeffer
50 ml weißer Essig
50 ml Olivenöl
4 Tomaten
12 Kirschtomaten
1 grüne Paprikaschote
500 g küchenfertig geputztes Rinderherz, in kleine Stücke geschnitten
2 Zitronen
1 Knolle Knoblauch

Außerdem
Metallspieße zum Grillen

Für die Marinade den Ingwer, den Kreuzkümmel, den Oregano, den Koriander, das Salz und etwas Pfeffer im Standmixer gründlich verrühren. Den Essig und das Olivenöl hinzufügen und alles nochmals gut mixen.

Den Backofengrill vorheizen.

Die Tomaten vierteln. Die Paprikaschote halbieren, Samen und Scheidewände entfernen und das Fruchtfleisch grob würfeln. Abwechselnd die Stücke von Tomate, Paprika, Kirschtomaten und Rinderherz auf die Spieße stecken. Die Spieße mit etwas Marinade bestreichen und auf den heißen Grill legen. 1 Zitrone halbieren und die Hälften zwischen die Holzkohlen oder auf die Spieße legen. Die Knoblauchknolle dazulegen.

Die Spieße zwischendurch immer wieder mit der Marinade bestreichen. Vor dem Servieren noch mit etwas frisch gepresstem Saft der Zitrone beträufeln und eine geröstete Knoblauchzehe dazu anrichten.

GEBRATENES HÄHNCHEN MIT ETROG UND BLUTORANGEN

200 g marokkanisches oder türkisches Brot mit Sesam
100 g küchenfertige Entenleber (siehe Seite 217), auf Zimmertemperatur temperiert
einige dünne Scheiben von schwarzer und weißer Trüffel
2 TL Salz
250 g Butter
1 küchenfertiges Brathähnchen (1,5–2 kg)
1 große Etrog oder 2 kleine eingelegte Etrog oder Zitronen (siehe Seite 33)
3 Zweige Thymian
1 Msp. Salz
2 TL gemahlener Ingwer
2 Blutorangen
1 Knolle Knoblauch
200 g geklärte Butter* oder Ghee

Außerdem
Küchengarn
Fleischthermometer

Das Brot, die Entenleber, die Trüffelscheiben und das Salz mit 200 g Butter im Standmixer zu einer feinen Farce verarbeiten. Das Hähnchen auf die Arbeitsfläche legen und mit den Fingern vom Hals abwärts die Haut vom Fleisch lösen, sodass ein Hohlraum entsteht. Die Farce mit den Fingern in den Zwischenraum geben und über das gesamte Brustfleisch verteilen. Die Bauchhöhle mit den Etrog und den Thymianzweigen füllen. Das gefüllte Hähnchen mit Küchengarn zusammenbinden und die Öffnung mit Zahnstochern fixieren. Das Hähnchen in Frischhaltefolie wickeln und über Nacht im Kühlschrank ruhen lassen.

Den Backofen auf 220 °C vorheizen.

Das Hähnchen aus der Frischhaltefolie nehmen. Die restliche Butter (50 g) zerlassen. Das Hähnchen mit der flüssigen Butter bepinseln, dann mit Salz und gemahlenem Ingwer bestreuen und in eine große Fettpfanne legen. Die Blutorangen und die Knoblauchknolle halbieren und um das Hähnchen verteilen. Das Hähnchen im vorgeheizten Backofen 60 Minuten braten, bis es eine Kerntemperatur von 70 °C erreicht hat und das Fleisch komplett durchgegart ist. (Die Kerntemperatur mit einem Fleischthermometer kontrollieren. Garprobe: Sticht man mit einem dünnen Spieß oder Holzstäbchen in die Keulen, muss der austretende Saft klar sein, er darf nicht trüb sein.) Das gebratene Hähnchen aus dem Backofen nehmen und 20 Minuten ruhen lassen.

Die Hähnchenbrust aufschneiden, das Fleisch mit der geklärten Butter oder dem Ghee bestreichen und mit dem Saft der Blutorange beträufeln. Ein Stück Etrog dazu garnieren.

Ich bereite die geklärte Butter so zu: Die Butter in einen Plastikbeutel mit Zip-Verschluss geben und diesen fest verschließen. Den Beutel in einen Topf mit heißem Wasser legen, bis die Butter geschmolzen ist. (Der Beutel darf dabei nicht den Topfboden berühren.) Den Beutel in einer Schüssel mit (Eis-)Wasser abkühlen lassen, dann in den Kühlschrank legen. Darauf achten, dass die Ecken an der Unterseite des Beutels frei liegen. Sobald sich im Beutel zwei Phasen abgesetzt haben (eine verfestigte – die geklärte Butter – und eine flüssige), eine kleine Ecke des Beutels abschneiden und die Flüssigkeit in eine kleine Schale fließen lassen. Die geklärte Butter einige Minuten unter den Wasserhahn halten, um die letzten Milchrückstände abzuspülen. Mit Küchenpapier trocken tupfen. Ungekühlt hält sich die geklärte Butter einige Wochen. Im Tiefkühlfach bleibt sie bis zu 6 Monaten haltbar.

Getrocknetes Lammfleisch mit Ei

Von getrocknetem Lammfleisch haben Sie lange etwas. Ich erkläre Ihnen nachfolgend, wie Sie das Fleisch trocknen. Diese Methode funktioniert gut. Mein Großvater hat immer noch vom letzten Jahr Fleisch übrig! Servieren Sie dazu Eier und frisches Brot.

Für das getrocknete Lammfleisch

3,5 kg küchenfertig pariertes Lammfilet
250 g Koriandersamen
6 EL Kreuzkümmelsamen
3 EL Pfefferkörner
2 EL gemahlener Ingwer
3 EL Salz
750 ml Olivenöl plus etwas mehr zum Bedecken
750 ml Wasser
2 kg zerlassenes Lammfett

Außerdem

sterilisierte Einmachgläser

Für das Rührei

2 Zwiebeln
5 Knoblauchzehen
2 Tomaten
⅓ rote Paprikaschote
1 EL Lammfett (siehe Teilrezept »Getrocknetes Lammfleisch«)
30 g getrocknetes Lammfleisch (siehe Teilrezept »Getrocknetes Lammfleisch«)
25 ml Wasser
3 Safranfäden
6 Eier
1 Msp. Salz
frisch gemahlener schwarzer Pfeffer
1 Msp. Kreuzkümmel
1 EL Olivenöl
1 Zitronenscheibe
2 EL fein gehackte glatte Petersilie
2 EL fein gehackter Koriander

Getrocknetes Lammfleisch

Das Fleisch in dünne Streifen schneiden. Den Koriander, den Kreuzkümmel, den Pfeffer und den Ingwer mit 2 EL Salz im Mörser zu einer feinen Paste zerstoßen. Das Fleisch von allen Seiten kräftig mit der Gewürzpaste einreiben. Im Nur hängen wir das Fleisch an Küchengarn auf und lassen es an der Luft trocknen. Sie können es auch bei 50 °C 6–7 Stunden im Backofen trocknen. Dabei die Ofentür einen Spaltbreit offen lassen, damit die Feuchtigkeit entweichen kann.

Sobald das Fleisch ausreichend getrocknet ist, das Olivenöl und das Wasser in einen großen Topf geben und erhitzen. Dann 1 EL Salz, das Lammfett und das getrocknete Lammfleisch hinzufügen und leicht garen, bis das Fleisch weich ist. Mit einem Holzspieß in das Fleisch stechen – wenn der Spieß heiß ist, ist das Fleisch ausreichend gegart. Die gegarten Fleischstreifen in kleine Stücke schneiden und bis 1 cm unter den Rand in die Einmachgläser geben. Die Oberflächen mit Olivenöl bedecken. Die Gläser fest verschließen.

Rührei

Die Zwiebel und den Knoblauch schälen und sehr fein hacken. Die Tomaten in Stücke schneiden. Die Paprika in Streifen schneiden.

Das Lammfett in einer Pfanne bei mittlerer Temperatur erhitzen. Die Zwiebel, den Knoblauch und die Paprika darin 5 Minuten anbraten, bis alles Farbe annimmt. Das Lammfleisch dazugeben, dann das Wasser und die Safranfäden unterrühren und die Flüssigkeit aufkochen. Die Temperatur reduzieren. Die Eier nacheinander aufschlagen und in die Pfanne gleiten lassen. Die Paprika hinzufügen und die Eier mit Salz, Pfeffer und Kreuzkümmel würzen. Das Rührei vor dem Servieren mit etwas Olivenöl beträufeln und – als Gegenpol zum Fett – mit einer Zitronenscheibe servieren. Mit Petersilie und Koriander garnieren.

LAMMKEULE MIT WACHTELEIERN

Für die Lammkeule
4 Zwiebeln
4 Karotten
5 mittelgroße festkochende Kartoffeln
4 Stangen Lauch
1 Tomate
10 Zweige Thymian
1 kleine Lammkeule (mit Knochen, 400–500 kg)
Salz
frisch gemahlener schwarzer Pfeffer
1 TL gemahlener Ingwer
1 TL gemahlener Kreuzkümmel
1 TL Paprikapulver
75 ml Olivenöl
2 Knollen Knoblauch
4 Zweige Salbei
25 g Rosinen
70 g Tomatenmark
500 ml Wasser
1 Bund Minze (15 g), fein gehackt
1 Bio-Orange
12 Wachteleier
1 EL Rohrzucker
3 EL flüssiger Honig

Die Zwiebeln, die Karotten und die Kartoffeln schälen und jeweils in große Würfel schneiden. Den Lauch putzen und in dicke Ringe schneiden. Die Tomate in große Stücke schneiden. Das Gemüse in eine Schüssel geben. Von 5 Thymianzweigen die Blättchen abzupfen und unter das Gemüse mischen. Nach Belieben mit Salz und Pfeffer würzen.

Die Lammkeule kräftig mit Salz und Pfeffer, dem Ingwer, dem Kreuzkümmel und dem Paprikapulver einreiben. Das Olivenöl in einem großen Bräter oder in einem ofenfesten Topf erhitzen. Die Lammkeule darin etwa 6 Minuten von allen Seiten anbraten, dann aus dem Bräter nehmen. Das Fleisch bis zum Weiterverarbeiten ruhen lassen.

Die Knoblauchknollen halbieren und mit der Schnittseite nach unten in den Bräter legen. Das klein geschnittene Gemüse hinzufügen und 20 Minuten garen. Den Knoblauch entfernen, sobald er weich ist, aber noch nicht bitter schmeckt. Das Gemüse weitere 10 Minuten garen, bis die Flüssigkeit verkocht ist. Das Gemüse soll nun schön braun gebraten sein.

Den Salbei fein hacken. Von den restlichen Thymianzweigen die Blättchen abzupfen. Den Salbei, den Thymian, die Rosinen und das Tomatenmark unter das Gemüse rühren und alles weitere 2 Minuten braten. Dann den Bräter vom Herd nehmen.

Den Backofen auf 200 °C vorheizen.

Das Wasser zu dem Gemüse in den Bräter gießen und die Lammkeule auf das Gemüse legen. Die Minze hinzufügen und die Schale der Orange darüberreiben. Den Bräter mit Aluminiumfolie bedecken und für 2–3 Stunden in den vorgeheizten Backofen stellen.

Inzwischen die Wachteleier in einen Stieltopf geben, mit Wasser auffüllen und dieses zum Kochen bringen. Die Wachteleier – wenn sie weich sein sollen – etwa 2 Minuten bei mittlerer Temperatur kochen. Wenn sie hart sein sollen, die Eier 3 Minuten kochen. Die gegarten Eier schälen. Sobald die Lammkeule gar ist, die Folie abnehmen. Den Zucker und den Honig in den Bratensatz im Bräter rühren. Die Lammkeule damit benetzen. Den Bräter zurück in den Backofen schieben. Die Lammkeule zweimal im Abstand von 5 Minuten mit dem Bratensaft übergießen. Dabei prüfen, ob die Lammkeule schön knusprig gebraten ist. Vor dem Servieren bei Bedarf einige Minuten im Backofen ruhen lassen.

Die Lammkeule mit Paprika- und Kreuzkümmelpulver bestreuen, dann mit den Wachteleiern servieren.

TRADITIONELLE BASTILLA

Für eine authentische Bastilla bereiten Sie verschiedene Komponenten vor: das Hähnchen, das Rührei, das Mandel-Topping und die Warka. Das Rührei braten Sie ganz zum Schluss. Anschließend stellen Sie die Bastilla zusammen und backen sie im Backofen.

Wir essen Bastillas bei großen marokkanischen Festen. Sie sind einfach zubereitet und superköstlich. Ich kenne keinen, der schon einmal Bastilla gegessen hat und sie nicht mochte.

Für 1 große Bastilla

Für das gebratene Hähnchen

2 Zwiebeln
3 Knoblauchzehen
60 g Butter
1 küchenfertiges Brathähnchen (ca. 1 kg, alternativ 3–4 küchenfertige Tauben)
1 EL gemahlener Ingwer
2 TL Salz
1 ½ TL frisch gemahlener weißer Pfeffer
3 TL gemahlener Zimt
2 EL fein gehackte glatte Petersilie
2 EL fein gehackter Koriander
10 Safranfäden
4 EL Olivenöl
500 ml Wasser

Für das Mandel-Topping

60 ml Olivenöl
250 g geschälte Mandelkerne
1 Bio-Orange
125 g Puderzucker
1 EL Butter

Gebratenes Hähnchen

Die Zwiebeln und den Knoblauch schälen und sehr fein hacken. Die Butter in einer Pfanne mit dickem Boden zerlassen. Das Hähnchen hineinlegen. Die Zwiebeln, den Knoblauch, die Gewürze, die frischen Kräuter, den Safran und das Olivenöl dazugeben. Das Wasser angießen und zum Kochen bringen. Die Temperatur reduzieren und das Hähnchen im geschlossenem Topf etwa 1 Stunde sanft garen. Das Fleisch muss durchgegart, weich und zart sein und sich leicht von den Knochen lösen lassen. Zwischendurch immer wieder kontrollieren, dass nichts anbrennt.

Das Hähnchen aus der Pfanne heben und auf einem Teller abkühlen lassen. Die Sauce bei mittlerer Temperatur unter gelegentlichem Rühren sämig einkochen. Inzwischen das Hähnchenfleisch von den Knochen lösen und in eine Schale geben. Mit 2 EL der gebratenen Zwiebeln aus der Pfanne verrühren. Die Schale bedecken und beiseitestellen. Die restlichen Zwiebeln für das Rührei beiseitestellen.

Mandel-Topping

Das Olivenöl in einer tiefen Pfanne erhitzen. Die Mandeln darin goldbraun frittieren. (Sie verfärben sich noch leicht, wenn sie aus der Pfanne genommen werden. Also nicht zu dunkel braten.) Die gebratenen Mandeln mit einem Schaumlöffel aus dem Öl heben und auf Küchenpapier abtropfen lassen. Die Mandeln vollständig abkühlen lassen. Die gut abgekühlten Mandeln im Standmixer fein vermahlen. Das Mandelmehl in eine Schüssel geben, die Orangenschale fein darüberreiben. Den Zucker und die Butter dazugeben und alles mit den Händen zu einem Teig verkneten. Den Teig beiseitestellen.

Für das Rührei

6 Eier

4 EL flüssiger Honig

1 EL gemahlener Zimt

1 TL gemahlener Ingwer

Zum Anrichten

120 g Butter

500 g Warka (siehe Seite 73) oder Filoteig

1 Eigelb

1–2 EL neutrales Pflanzenöl zum Bestreichen

60 g Puderzucker

2–3 EL gemahlener Zimt

Außerdem

Backform von ca. 35 cm Durchmesser

Rührei

Die restliche Zwiebelmasse mit dem Öl aus der Pfanne in eine zweite Pfanne (mit Antihaftbechichtung) geben. Die Eier in eine Schüssel schlagen, verquirlen und über die gebratenen Zwiebeln geben. Daraus bei geringer Temperatur ein Rührei braten. (Sie sollten etwas Geduld mitbringen, denn es kann einige Minuten dauern, bis die Eier gestockt und ausreichend gegart sind.) Das fertige Rührei mit dem Honig, dem Zimt und dem Ingwer würzen.

Anrichten

Die Butter in einem Stieltopf zerlassen. Die Backform damit einfetten. Eine möglichst schöne runde Bastilla zusammenstellen: Zuerst 4–5 mit flüssiger Butter bepinselte Teigblätter so in die Form legen, dass sie sich in der Mitte überlappen und über den Rand der Backform hängen. Die Hähnchenfüllung in die mit Teig ausgekleidete Form geben. Dabei außen einen 2 cm breiten Rand aussparen. Das Rührei auf die Füllung geben. Nun 1–2 mit flüssiger Butter bepinselte Teigblätter auf das Rührei legen. Auf dem Teigdeckel das Mandel-Topping verteilen.

Nun die überstehenden Teigränder zur Mitte hochklappen und die Bastilla schließen. Die Oberfläche glatt streichen. Die Ränder mit Butter bepinseln. Dann 3 mit Butter bepinselte Teigblätter auf den Teigdeckel legen. Die nach unten hängenden Ränder weiter nach unten streichen und unter die Bastilla drücken, damit diese ihre schöne runde Form behält.

Die Eigelbe verquirlen und auf den Teigdeckel und die Seiten der Bastilla streichen. Ebenso das Öl auf die Bastilla streichen. Die Bastilla ist nun fertig zum Backen oder kann 1 Tag im Kühlschrank aufbewahrt werden. Im Tiefkühlfach hält sich die Bastilla 2 Monate.

Den Backofen auf 180 °C vorheizen. Ein Backblech mit Backpapier bedecken und das Backpapier einfetten. Die Bastilla daraufsetzen und im vorgeheizten Backofen auf der mittleren Schiene 30–40 Minuten backen, bis sie goldbraun und knusprig ist. Achtung: Wenn die Bastilla aus dem Tiefkühlfach kommt, beträgt die Backzeit mindestens 1 Stunde.

Die Bastilla großzügig mit Puderzucker und gemahlenem Zimt bestäuben.

Nach Belieben können Sie auch getrocknete Feigen, Datteln oder Pinienkerne in der Füllung verarbeiten.

Le Bio
Epices
Argan
Plantes Médicinales
Miel
Amlou
Huile d'olive

MODERNE BASTILLA

Die Zubereitung von Hähnchen und Rührei ist die gleiche wie bei einer traditionellen Bastilla, doch das Anrichten ist bei dieser modernen Variante etwas anders. Hier wird eine braune Sauce auf Basis einer Geflügelbrühe serviert.

Für die braune Sauce
4 Zwiebeln
6 Knoblauchzehen
200 g Karotten
½ Stange Lauch
2 kg Geflügelkarkassen
25 g Tomatenmark
1,5 l Geflügelbrühe
6 EL Sojasauce
4 EL Zucker
20 ml Sesamöl
1 TL Fischsauce
½ EL gemahlener Ingwer
1 Msp. Salz
frisch gemahlener schwarzer Pfeffer
2 EL Maisstärke

Für die Bastilla
50 ml Wasser
20 g Zucker
4 Warka-Blätter oder 4 Filoteigplatten
1 Portion Spinat (siehe Seite 91)
1 Portion Hähnchenfüllung (siehe Seite 228)
4 gezuckerte Tomaten (siehe Seite 36)
1 Portion Rührei (siehe Seite 230)

Außerdem
1 Stück Käseleinen

Den Backofen auf 250 °C vorheizen.

Für die braune Sauce die Zwiebeln und den Knoblauch schälen und fein hacken. Die Karotten bei Bedarf schälen und sehr fein schneiden. Den Lauch putzen und in dünne Ringe schneiden. Die Geflügelkarkassen auf einem mit Backpapier bedeckten Backblech verteilen und im vorgeheizten Backofen 25 Minuten rösten, bis sie braun sind. Die gebräunten Geflügelkarkassen in einen Topf geben. Das geschnittene Gemüse und alle weiteren Zutaten mit Ausnahme der Maisstärke daraufgeben. Den Topfinhalt bei mittlerer Temperatur aufkochen und 45 Minuten sanft köcheln lassen. Die Karkassen herausnehmen, die Sauce durch ein mit dem Käseleinen ausgelegtes Sieb in eine Schüssel gießen. Den Topf mit Küchenpapier säubern, die Brühe wieder hineingießen und bei geringer Temperatur weitere 40 Minuten einkochen. Soll die Sauce etwas sämiger sein, die mit 1 EL Wasser angerührte Maisstärke hineinrühren und die Sauce binden.

Für die moderne Bastilla das Wasser mit dem Zucker in einen Stieltopf geben und bei geringer Temperatur zu einem Sirup einkochen. Dieser Zuckersirup dient später dazu, die Teigblätter aneinanderzukleben.

Den Backofen auf 175 °C vorheizen. Aus den Teigblättern 24 Kreise von je 10 cm Durchmesser ausstechen oder ausschneiden. Jeweils drei Kreise mit dem Sirup bepinseln und aufeinanderkleben. Die so entstandenen acht Kreise (à drei Lagen) im vorgeheizten Backofen etwa 20 Minuten goldbraun backen, dann herausnehmen und auf einem Kuchengitter abkühlen lassen.

Einen gebackenen Teigkreis auf jeden Teller legen. Darauf den Spinat und eine Schicht Hähnchenfüllung ausrichten. Die Füllung mit einem zweiten Teigkreis bedecken und mit den gezuckerten Tomaten garnieren. Vom Rührei kleine Nocken abstechen und daneben anrichten und mit je 1 EL brauner Sauce beträufeln. Den Teller auf dem Foto dekorierten wir mit essbaren Blüten.

NAJATS REZEPT FÜR FRIKADELLEN

5 Auberginen
4 Tomaten
400 g Rinderhackfleisch
1 Knolle Knoblauch
1 EL gemahlener Kreuzkümmel
1 EL geräuchertes Paprikapulver (Pimentón de la Vera dulce)
4 EL gemahlener Koriander
1 EL Sumach
6 EL Olivenöl
Salz
frisch gemahlener schwarzer Pfeffer nach Belieben
1 rote Zwiebel
1 gelbe Zwiebel
1 Scheibe bzw. 2 EL eingelegte Zitrone oder eingelegte Etrog*
1 EL Harissa
1 EL flüssiger Honig
4 EL Zitronensaft
2 EL Orangensaft
5 Eier

Die Auberginen unter dem Backofengrill oder auf dem Grill in 10–15 Minuten rundum schwarz werden lassen. Die schwarz gegrillten Auberginen vom Grill nehmen und in einen Frischhaltebeutel legen. Wenn sie leicht abgekühlt sind, herausnehmen und die verbrannte Haut vorsichtig abziehen. Die gehäuteten Auberginen mit einem scharfen Messer der Länge nach in Scheiben und dann in große Würfel schneiden.

Die Tomaten ebenso wie die Auberginen grillen, sie werden nicht ganz schwarz. Vom Grill nehmen, bevor sie aufplatzen und der Saft ausläuft. Die gegrillten Tomaten in einer Schüssel abkühlen lassen, häuten und in Stücke schneiden. Den Saft möglichst auffangen.

Das Hackfleisch in eine Schüssel legen. Die Knoblauchzehen schälen. Den Knoblauch in das Hackfleisch reiben oder pressen. Den Kreuzkümmel, das Paprikapulver, den Koriander, den Sumach und 1 EL Olivenöl dazugeben. Alles gut mischen. Aus der Hackfleischmasse 6 Bällchen formen.

Die rote und die gelbe Zwiebel schälen und in Scheiben schneiden. Die eingelegte Zitrone fein hacken.

5 EL Olivenöl in einer großen Pfanne bei mittlerer Temperatur erhitzen. (Es darf nicht rauchen.) Die Zwiebeln darin glasig schwitzen. Die Auberginenwürfel, die Tomatenstücke mit ihrem Saft, die fein gehackte eingelegte Zitrone, die Harissa, den Honig sowie den Orangen- und Zitronensaft dazugeben und verrühren. Die Hackbällchen hineinlegen und in etwa 5 Minuten bei mittlerer Temperatur anbraten, bis das Hackfleisch fast gar ist. Dann die Eier vorsichtig in die Pfanne schlagen.
Die Auberginen-Tomaten-Sauce mit dem Kreuzkümmel und Salz bestreuen. Den Pfanneninhalt sanft garen, bis die Eier die gewünschte Konsistenz haben. Ich mag es, wenn das Eigelb noch fast flüssig ist.

Dazu ein Stück frisches Brot servieren.

* Die eingelegten Zitronen nach dem Rezept von Seite 33 zubereiten. Man findet sie im marokkanischen oder türkischen Lebensmittelladen, im gut sortierten Supermarkt oder im Großhandel auch als Fertigprodukt.

GEMÜSE & BEILAGEN

SÜSSKARTOFFEL AUS DEM BACKOFEN

4 große Süßkartoffeln
3–4 Knollen Knoblauch
1 TL gemahlene Kurkuma
1 Msp. Salz
4 EL Olivenöl
4 Zweige Rosmarin

Die Süßkartoffeln waschen und in dicke Streifen schneiden. Die Knoblauchknollen halbieren.

Den Backofen auf 150 °C vorheizen.

Die Süßkartoffeln auf einem nach Wunsch mit Backpapier bedeckten Backblech verteilen und die Knoblauchhälften darauf verteilen. Mit Kurkuma und Salz würzen und mit dem Olivenöl beträufeln. Die Rosmarinzweige dazwischen verteilen.

Im vorgeheizten Backofen 30–40 Minuten garen.

Gerösteter Kürbis

Für 8 Personen

2 kleine Kürbisse
1 rote Zwiebel
1 gelbe Zwiebel
2 Knollen Knoblauch
50 g Pekannusskerne
50 g geräucherte Mandelkerne
75 g getrocknete Feigen
2 EL Aceto balsamico
3 EL Olivenöl
1 TL Paprikapulver
1 TL gemahlene Kurkuma
½ TL gemahlener Kreuzkümmel
1 Msp. Salz
frisch gemahlener schwarzer Pfeffer
1 Bund Rosmarin

Die Kürbisse halbieren. Mit einem Löffel die Kerne und Fasern entfernen. Die Zwiebeln und die Knoblauchknollen schälen und halbieren. Die Pekannüsse, die Mandeln und die Feigen fein hacken. Den Backofen auf 150 °C vorheizen.

Die Kürbishälften mit den Schnittflächen nach oben auf ein mit Backpapier bedecktes Backblech legen. Die Zwiebeln und den Knoblauch in die Kürbisse geben, mit dem Balsamico und dem Olivenöl beträufeln und mit Paprikapulver, Kurkuma, Kreuzkümmel, Salz und Pfeffer bestreuen. Die Rosmarinzweige darauflegen. Die gefüllten Kürbisse mit Backpapier abdecken und im vorgeheizten Backofen 40 Minuten garen. Das Backpapier entfernen. Die Nüsse und die Feigen über den gefüllten Kürbishälften verteilen. Die Kürbisse weitere 20 Minuten im Backofen garen. (Sie können die Kürbisse auch auf dem Grill zubereiten.)

Die garen Kürbisse nach Belieben nachwürzen, in Stücke schneiden und mit Rucola oder Tomaten servieren.

Für einen köstlichen Kürbisdipp: Den gebackenen Kürbis mit der Füllung im Standmixer zu einer glatten sämigen Paste verarbeiten. Mit Kreuzkümmel, (konfiertem) Knoblauch, Ingwer, etwas Olivenöl und Salz und Pfeffer würzen.

KAROTTENPÜREE MIT GRAPEFRUIT

2 Grapefruits
250 g Karotten
3 Knoblauchzehen
1 EL Koriander
½ TL gemahlener Kreuzkümmel
½ TL Harissa oder Chilipulver
1 Msp. Salz
frisch gemahlener schwarzer Pfeffer
1 EL natives Olivenöl extra

Eine Grapefruit in Filets schneiden: Von der Ober- und Unterseite einen Deckel abschneiden. Mit einem scharfen Messer die Schale (mit der weißen Haut, dem Mesokarp) abschneiden. Nun die einzelnen Filets zwischen den Trennhäuten herausschneiden.

Die zweite Grapefruit auspressen. Den Saft in den Standmixer geben. Die Karotten und den Knoblauch schälen und mit dem Koriander, dem Kreuzkümmel, der Harissa oder dem Chilipulver, Salz und Pfeffer in die Küchenmaschine geben. Alles zu einer glatten Paste verarbeiten. (Wer keinen Standmixer hat, reibt die Karotten sehr fein und vermengt sie mit den restlichen Zutaten.)

Das Karottenpüree in eine Schale geben, wer möchte, sticht kleine Nocken ab. Mit den Grapefruitfilets garnieren und zum Schluss mit dem Olivenöl beträufeln.

ERBSENPÜREE MIT MANDELN

Wie viele andere Gemüsesorten enthalten auch Erbsen Vitamine und Mineralstoffe und sind gut für die Verdauung.

In Marokko weiß jeder, dass Mandeln den Cholesterinspiegel senken. Außerdem stecken sie voller Calcium, Magnesium und Phosphat.

800 ml Gemüsebrühe
500 g gepalte Erbsen, frisch oder tiefgekühlt
75 g ungesalzene geschälte Mandelkerne
1 EL fein gehacktes Basilikum
1 EL fein gehackter Koriander
100 ml vegane Sahne (aus Soja oder Reis)
1 EL neutrales Pflanzenöl
1 Msp. Salz
frisch gemahlener weißer Pfeffer

Die Gemüsebrühe in einem Topf bei mittlerer Temperatur erhitzen. Sobald sie anfängt zu kochen, die Erbsenkerne hineingeben und 4 Minuten garen.

Die Erbsen abgießen und im Standmixer mit den Mandeln, dem Basilikum, dem Koriander und der Sahne zu einem glatten Püree verarbeiten. Mit Öl beträufeln und mit Salz und Pfeffer würzen.

Wenn das Püree etwas cremiger sein soll, noch etwas Gemüsebrühe unterrühren. Für unsere Gerichte im Nur verwenden wir meist ein festeres Püree.

PÜREE VON ROTEN BETEN UND SCHWARZEN OLIVEN

200 g Rote Beten
500 g schwarze Oliven
6 Knoblauchzehen
100 ml natives Olivenöl extra
Saft von ½ Zitrone
je 1 Msp. Salz
frisch gemahlener schwarzer Pfeffer

Sie wissen bereits, dass ich in Wasser gegarte Rote Beten nicht besonders mag (siehe Seite 170). Ich wickle die Knollen einfach in Aluminiumfolie ein und lege sie in den Backofen. Genauso habe ich es auch bei diesem Püree gemacht: Die Roten Beten etwa 80 Minuten bei 180 °C garen. Dann abkühlen lassen und schälen.

Inzwischen, falls nötig, die Oliven entsteinen. Den Knoblauch schälen.

Die Roten Beten mit den Oliven, dem Knoblauch, dem Olivenöl und dem Zitronensaft im Standmixer zu einem glatten Püree verarbeiten. Mit Salz, Pfeffer und Kreuzkümmel würzen und eventuell noch etwas Olivenöl unterrühren, bis das Püree fein und glatt ist.

ARTISCHOCKENPÜREE MIT SAFRAN

Ich liebe Artischocken. Für mich sind sie das beste Produkt aus dem Garten. Ich mag den Duft und die prächtigen Blüten. Mir ist es egal, ob sie roh, gekocht oder gegrillt sind.

Saft von 3 Zitronen plus 1 Zitrone zusätzlich nach Belieben
500 ml Wasser
8 frische Artischocken
5 Safranfäden
1 l Gemüsebrühe
100 ml Olivenöl
1 kleine Knolle Fenchel
3 Zwiebeln
2 Schalotten
2 Knoblauchzehen
1 EL fein gehackte glatte Petersilie
1 EL fein gehackter Schnittlauch
1 EL fein gehackter Koriander
Salz
frisch gemahlener schwarzer Pfeffer nach Belieben

Den Saft der drei Zitronen mit reichlich Wasser in eine große Schüssel geben. Die Artischocken säubern. Vom Stiel her die äußeren harten Blätter rund um das Herz abziehen. Mit einem Messer zwei Drittel der Artischockenblüte abschneiden. Dabei durch den dunkelgrünen Teil schneiden, bis das Artischockenherz sichtbar wird. Die restlichen Blätter und das Heu entfernen. Ein kleines Stück vom Stiel stehen lassen. Die geputzten Artischockenherzen in das Zitronenwasser legen, damit sie sich nicht verfärben – die Säure im Wasser ist das Geheimnis.

100 ml Wasser in einen Topf geben, erhitzen und die Safranfäden darin auflösen. Die Artischockenherzen aus dem Zitronenwasser nehmen und abtropfen lassen. 400 ml Wasser mit den restlichen Zutaten mit Ausnahme der frischen Kräuter (Petersilie, Schnittlauch und Koriander) in einen Topf geben. Die abgetropften Artischockenherzen hineinlegen. Die Wasseroberfläche mit einer Lage Backpapier bedecken, damit die Artischockenherzen unter Wasser bleiben. Das Wasser langsam aufkochen und 35 Minuten köcheln lassen, bis die Artischockenherzen gar sind. (Garprobe: Mit einer Messerspitze hineinstechen, sie müssen weich sein.) Die Artischockenherzen aus dem Topf nehmen und abkühlen lassen.

Die gegarten Artischockenherzen im Standmixer pürieren und nach Belieben etwas frisch gepressten Zitronensaft hinzufügen. Für eine schöne kräftige Farbe eventuell noch Safranwasser unterrühren. Mit den fein gehackten frischen Kräutern, Salz und Pfeffer würzen.

SCHWARZES OLIVENPÜREE

500 g schwarze Oliven
1 rote Paprikaschote
1 TL Salz
1 TL schwarze Sesamsaat
2 TL Zitronensaft

Die schwarzen Oliven entsteinen. Die Paprika halbieren, Samen und Scheidewände entfernen und das Fruchtfleisch klein schneiden.

Die Oliven, die Paprika und alle übrige Zutaten im Standmixer zu einem feinen, glatten Püree verarbeiten.

GEDÄMPFTE AUBERGINE

2 Auberginen
500 ml Wasser
1 Zitrone
1 TL schwarze Teeblätter
1 TL Zitronenverbene

Die Auberginen in dicke Scheiben schneiden. Das Wasser in einen großen Topf geben und den Saft der Zitronen hineinpressen, dabei darauf achten, dass keine Kerne in das Wasser gelangen. Die Auberginenscheiben hineinlegen und 15 Minuten einweichen lassen. Die Auberginenscheiben dann aus dem Wasser nehmen.

Das Wasser in einen Topf geben. Den schwarzen Tee und die Zitronenverbene hineingeben und das Wasser aufkochen.

Ein Sieb oder einen Dämpfkorb auf den Topf setzen, die Auberginenscheiben hineinlegen und etwa 10 Minuten dämpfen. (Statt eines Dämpfers kann man auch eine Couscoussière verwenden.) Wenn die Aubergine weich ist, ist sie servierfertig.

GERÖSTETE PAPRIKA

2 rote Paprikaschoten
1 große Zwiebel
1 Knoblauchzehe
2 EL Olivenöl
je 1 Msp. Salz, Pfeffer und Paprikapulver

Die Paprika halbieren, Samen und Scheidewände entfernen und die Hälften unter dem Backofengrill oder auf dem Grill grillen, bis sie rundherum schwarz sind. Die Paprika in einen Frischhaltebeutel legen. Sobald sie etwas abgekühlt sind, die verbrannte Haut vorsichtig abziehen. Das Fruchtfleisch würfeln.

Die Zwiebel und den Knoblauch schälen.

Das Olivenöl in einem Topf erhitzen. Die Paprika, die Zwiebel und den Knoblauch darin etwa 5 Minuten darin leicht anbraten. Mit Salz, Pfeffer und Paprikapulver würzen.

CHERMOULA

8 Knoblauchzehen
1 EL Chermoula-Kräutermischung (siehe Seite 20)
1 EL fein gehackte glatte Petersilie
1 EL fein gehackter Koriander
4 TL Paprikapulver
1 EL Harissa oder Chilipulver
6 Safranfäden
1 EL fein gehackter frischer Ingwer
150 ml Olivenöl
2 Zitronen

Den Knoblauch schälen und in eine Schüssel reiben. Die Chermoula-Kräuter, die Petersilie, den Koriander, das Paprikapulver, die Harissa, den Safran, den Ingwer und das Olivenöl hinzufügen und alles gut verrühren. Vor der Verwendung mindestens 5 Minuten ruhen lassen, dann im Kühlschrank aufbewahren. Vor dem Servieren mit etwas Zitronensaft beträufeln.

ZUCCHINI-RÖLLCHEN

4 Zucchini
1 l Wasser
50 g Herbsttrompeten
1 Zitrone
75 g schwarze Oliven
4 Knoblauchzehen
5 g Schnittlauch
4 EL Olivenöl

Die Zucchini waschen und mit einem Gemüsehobel oder mit einem scharfen Messer der Länge nach in sehr dünne Scheiben schneiden. Reichlich Wasser in einen Topf geben und zum Kochen bringen. Die Zucchinischeiben darin kurz blanchieren, bis sie fast gar und weich sind, dann herausnehmen und abkühlen lassen. Das Wasser wegschütten.

Erneut reichlich Wasser aufsetzen und aufkochen. Die Herbsttrompeten vorsichtig abbürsten und bei Bedarf das sandige Stielende abschneiden. Die Herbsttrompeten darin 30–60 Sekunden blanchieren, dann aus dem Topf heben und abkühlen lassen. Die Herbsttrompeten mit Zitronensaft beträufeln.

Die Oliven entsteinen und sehr fein schneiden. Den Knoblauch schälen und fein hacken. Den Schnittlauch in feine Röllchen schneiden.

Das Olivenöl in einer Pfanne erhitzen. Den Knoblauch darin anschwitzen. Die schwarzen Oliven und den Schnittlauch hinzufügen.

Die Zucchinischeiben dicht nebeneinander, aber nicht überlappend auf ein Stück Frischhaltefolie legen. Die Olivenmischung darauf verteilen und eine Herbsttrompete in die Mitte legen. Mit Hilfe der Frischhaltefolie die Zucchinischeiben zu einer Roulade aufrollen. Die Roulade 2 Stunden im Kühlschrank ruhen lassen. Zum Anrichten vorsichtig aus der Frischhaltefolie nehmen und, genau wie Sushi, in Scheiben schneiden. Was für ein köstlicher Genuss!

SOJASAUCE (HOISINSAUCE)

50 g brauner Zucker
45 ml Wasser
4 EL (chinesische) Schwarze-Bohnen-Sauce
3 EL Sojasauce
2 EL Reisessig
6 Trockenpflaumen
½ EL Sesamöl
½ EL selbst gemachtes Fünf-Gewürze-Pulver*
2 EL flüssiger Honig
2 Knoblauchzehen
1 TL fein gehackter frischer Ingwer
1 Msp. Salz
1 EL Sriracha (nach Belieben, wenn vorhanden)

*Gewürzmischung aus je 1 EL Sternanis, Szechuan-Pfeffer, Fenchelsamen und je ½ EL Zimt und Gewürznelke

Alle Zutaten in der Küchenmaschine oder in einem starken Blender verarbeiten. Wer die Sauce besonders glatt mag, streicht sie vor der Verwendung durch ein Sieb. Der Geschmack liegt zwischen süß und sauer.

SCHWARZE ODER GELBE TUILE

Für ca. 20 Stück

5 Safranfäden oder 1 TL Tintenfischtinte
150 ml Wasser
20 g Weizenmehl
90 ml neutrales Pflanzenöl

Für gelbe Tuiles die Safranfäden 5 Minuten in 160 ml warmem Wasser einweichen.

Das Mehl, 60 ml Öl, das Safranwasser (für gelbe Tuiles) oder die Tinte mit 160 ml frischem Wasser (für schwarze Tuiles) in einem kleinen Blender oder in einem hohen Mixbecher mit dem Stabmixer zu einem glatten Teig verarbeiten.

Das restliche Öl in einer Pfanne erhitzen. Den Teig in eine Spritzflasche aus Kunststoff geben, in die Pfanne geben und verteilen. Den Teig bei geringer Temperatur einige Minuten trocknen lassen. Die hauchdünne Tuile formt sich von selbst. Die Tuile mit einem dünnen Spatel aus der Pfanne heben und auf ein Stück Backpapier legen.

Die gebackenen Tuiles halten sich 2–3 Tage in einer fest verschlossenen Kunststoffdose. Dabei Küchenpapier zwischen die Tuiles legen. Der Teig kann in der Spritzflasche 2–3 Tage im Kühlschrank aufbewahrt werden.

GRÜNE MOLE

6 Knoblauchzehen
6 grüne (unreife) Tomaten*
4 Renekloden (Edelpflaumen)
4 grüne Chilischoten
2 EL Olivenöl
2 Lorbeerblätter
1 TL fein gehackter frischer Ingwer
1 Zitrone
Salz
frisch gemahlener schwarzer Pfeffer, nach Belieben
1 große Zucchini
¼ Stange Lauch
6 Blätter Romana-Salat
50 g frischer Spinat
75 g Kürbiskerne
75 g weiße Sesamsaat
1 Bund Koriander (15 g)
2 Kaktusblätter**
4 Feigenblätter**

Den Knoblauch schälen. Die Tomaten halbieren. Die Renekloden entsteinen. Die Chilis aufschneiden und entkernen. Alles in grobe Stücke schneiden.

Das Olivenöl in einer Pfanne erhitzen. Den Knoblauch, die Tomaten, die Pflaumen, die Chilis und die Lorbeerblätter darin bei geringer Temperatur zu einem weichen Püree einkochen. Die Lorbeerblätter entfernen. Den Ingwer und den Zitronensaft in das Püree rühren. Das Püree mit Salz und Pfeffer würzen, dann abkühlen lassen.

Die Zucchini und den Lauch in grobe Stücke schneiden. Das Tomaten-Pflaumen-Püree mit der Zucchini, dem Lauch und den restlichen Zutaten in einem Standmixer zu einer feinen, sämigen Sauce verarbeiten.

* Statt der grünen Tomaten können Sie auch eine andere grüne Zutat wie etwa grüne Paprika oder etwas mehr Koriander nehmen.

** Sie haben keine Kaktus- und Feigenblätter? Dann geben Sie 1 Handvoll gepalte Erbsen zur grünen Mole.

GUACAMOLE

4 Knoblauchzehen
¼ Zwiebel
4 Avocados
2 TL Zitronensaft
2 EL fein gehackter Koriander
1 Chilischote
4 EL natives Olivenöl extra
1 Msp. Salz
frisch gemahlener schwarzer Pfeffer nach Belieben

Den Knoblauch und die Zwiebel schälen und in grobe Stücke schneiden. Die Avocados halbieren und die Steine entfernen. Das Fruchtfleisch aus den Schalen heben und in den Standmixer geben. Alle übrigen Zutaten hinzufügen und alles zu einem feinen Püree verarbeiten.

Die Guacamole sollte säuerlich-scharf sein. Bei Bedarf noch etwas Zitronensaft hinzugeben und mit Salz und Pfeffer würzen.

ZITRONEN- UND ORANGEN-MOUSSE

Zitrusfrüchte erinnern mich stets an das Mittelmeer. Darum verwenden wir gern Zitrone oder eine andere Zitrusfrucht in irgendeiner Form in unseren Gerichten.

Wir sind es gewohnt, verschiedene Konfitüren und Süßigkeiten für unsere täglichen Mahlzeiten zuzubereiten, und in den allermeisten Gerichten dürfen Orange und Zitrone nicht fehlen. Manchmal müssen Sie sie nicht einmal schälen: Sie können die Schale verwenden, und es gibt Methoden, um ihnen den bitteren Geschmack zu nehmen.

Zitrone ist unglaublich vielseitig. Sie können Scheiben ins Wasser geben, diese zu Fisch servieren oder die Frucht in einem Dessert verarbeiten; Zitrone passt eigentlich zu jeder Zutat in der Küche. Ich möchte Ihnen ein Rezept für eine Zitronen-Orangen-Mousse vorstellen, die Sie zu vielerlei Gerichten servieren können, wie beispielsweise zum Wassermelonen-Gazpacho (siehe Seite 95) oder zum gesalzenen und geräucherten Thunfisch (siehe Seite 139).

ZITRONENMOUSSE

350 g flüssige Sahne
50 g Zucker
abgeriebene Schale von 1 Bio-Zitrone
175 ml frisch gepresster Zitronensaft
1 TL Maisstärke

Die Sahne in eine fettfreie Metallschüssel geben und mit dem Handrührgerät steif schlagen, dann den Zucker hineinrieseln lassen. Die gezuckerte Sahne in den Kühlschrank stellen.

Die Schale von 1 Zitrone fein abreiben und beiseitestellen. 45 ml Zitronensaft in einen Stieltopf geben und mit der Maisstärke verrühren. Den mit Stärke angerührten Zitronensaft bei mittlerer Temperatur aufkochen, bis er eine sirupartige Konsistenz hat. Dann abkühlen lassen.

Den Zitrussirup unter die gezuckerte Sahne heben. Den restlichen Zitronensaft (130 ml) und den Zitronenabrieb unter die Creme ziehen. Die Mousse vor dem Servieren gut durchkühlen.

ORANGENMOUSSE

375 g Sahne oder pflanzliche Sahne
50 g Rohrzucker
abgeriebene Schale von 1 Bio-Orange
220 ml frisch gepresster Orangensaft
1 TL Maisstärke

Die Sahne in eine fettfreie Metallschüssel geben und mit dem Handrührgerät steif schlagen, dann den Zucker hineinrieseln lassen. Die gezuckerte Sahne in den Kühlschrank stellen.

Die Schale von 1 Orange reiben und beiseitestellen. 75 ml Orangensaft in einen Stieltopf geben und mit der Maisstärke verrühren. Den mit Stärke angerührten Orangensaft bei mittlerer Temperatur aufkochen, bis er eine sirupartige Konsistenz hat. Dann abkühlen lassen.

Den Orangensirup unter die Sahne heben. Die restlichen Orangensaft (145 ml) und den Orangenabrieb unter die Creme ziehen. Die Mousse vor dem Servieren gut durchkühlen.

TRADIONELLE ZUBEREITUNG VON COUSCOUS

Couscous wird aus grob gemahlenem Hartweizen hergestellt. Auf den Fotos ist gut zu sehen, wie der Teig traditionell mit der Hand zubereitet wird. Heutzutage gibt es nur noch wenige Menschen, die das können und auch machen. So geht es: Das Weizenmehl mit etwas Wasser mischen, sodass sich Teigbällchen formen lassen. Diese sind zunächst noch ziemlich grob von der Struktur. Werden die Bällchen dann in verschiedenen Sieben hin- und hergeschwenkt, werden sie stets feiner. Sobald sie die passende Größe haben, werden sie getrocknet und können zubereitet werden.

Couscous wird in vielen Sorten und Maßen angeboten. Sie können ihn gut mit Fisch, Fleisch oder Gemüse kombinieren. Durch unterschiedliche Kräutermischungen (siehe Seite 20–21) bekommt er eine besondere aromatische Note. Diese traditionelle Teigware ist einfach zuzubereiten und eine schmackhafte Beilage zu vielen Gerichten in diesem Buch.

DESSERTS & SÜSSES

CHEEESECAKE MIT EINGELEGTER ZITRONE

Für 1 Kuchen

Für den Boden
neutrales Pflanzenöl oder Butter zum Einfetten
150 g Digestive-Kekse oder Vollkornkekse
2 ½ EL Zucker
2 TL Salz
75 g Butter

Für die Füllung
500 g Doppelrahmfrischkäse
100 g hellbrauner Zucker
3 EL Weizenmehl Type 405
2 EL Meersalz
2 EL Vanilleextrakt
2 Bio-Orangen
2 Bio-Zitronen
3 Eier
1 Eigelb
120 g Sauerrahm
2 ½ EL Zitronensaft

Für das Topping
2–4 eingelegte Etrogs oder Zitronen (siehe Seite 35)

Außerdem
Springform von 22–24 cm Durchmesser

Den Backofen auf 180 °C vorheizen und das Gitter in die mittlere Schiene schieben. Die Springform mit etwas Öl oder Butter einfetten. Den Boden der Springform von außen mit Alufolie umwickeln, damit später nichts auslaufen kann. Eine Lage Backpapier zuschneiden und den Boden der Springform damit auslegen.

Für den Boden die Kekse im Standmixer fein vermahlen oder in einen Gefrierbeutel geben und mit der Teigrolle zerkleinern, dann in eine Schüssel geben. Den Zucker, das Salz und die Butter hinzufügen und alles mit den Händen zu einem krümeligen Teig verkneten. Den Teig in der Backform verteilen und mit den Händen zu einem glatten Boden andrücken. Diesen im vorgeheizten Backofen 8 Minuten backen, bis er gut gebräunt ist. Dann herausnehmen. Die Backofentemperatur auf 160 °C reduzieren.

Für die Füllung den Frischkäse in eine Schüssel geben und mit dem Handrührgerät gut verrühren. Das Mehl unterrühren, dann das Salz hinzufügen. Die Käsecreme mit einem Spatel von der Schüsselwand streichen. Den Vanilleextrakt untermischen. Die Schale der Orangen und Zitronen in die Schüssel reiben. Die Creme mit dem Handrührgerät auf mittlerer Stufe gut verrühren. Dann die Eier einzeln in die Creme rühren (jedes Ei etwa 30 Sekunden). Nach den Eiern das Eigelb unterrühren und die Creme glatt rühren. Abschließend auf höchster Stufe den Sauerrahm in die Creme rühren. Dabei zügig arbeiten, damit die Frischkäsecreme nicht zu warm wird. Die Frischkäsecreme auf den gebackenen Teigboden streichen. Die Form in eine tiefe Fettpfanne setzen. So viel Wasser in die Fettpfanne geben, dass die Springform zur Hälfte im Wasser steht. Die Fettpfanne mit der Springform in den vorgeheizten Backofen stellen und den Cheesecake 40–50 Minuten backen. (Jeder Backofen ist anders – achten Sie darauf, dass der Kuchen nicht verbrennt.) Wenn die Oberfläche rissig wird, den Cheesecake aus dem Backofen nehmen und auf einem Kuchengitter in der Form abkühlen lassen.

Für das Topping die eingelegten Etrogs oder Zitronen in Stücke schneiden, in eine ofenfeste Schale legen und diese in einen Topf mit leicht köchelndem Wasser stellen, bis die Zitrusfrüchte weich sind. Den Topf vom Herd nehmen, die Zitronen kurz abkühlen lassen, dann auf der Oberfläche des Cheesecakes verstreichen. Den Cake mit Frischhaltefolie abdecken und bis zum Servieren in den Kühlschrank stellen.

Erdbeertarte

Für 1 Tarte

Für den Boden
150 g Weizenmehl Type 405
½ TL Zucker
1 Msp. Salz
120 g kalte Butter
60 ml kaltes Wasser
neutrales Pflanzenöl oder Butter zum Einfetten

Außerdem
Tarteform von 22–26 cm Durchmesser
getrocknete Hülsenfrüchte zum Blindbacken

Für die Füllung
400 g Erdbeeren
4 Eier
200 g Zucker oder Kokosblütenzucker
240 g Sauerrahm
2 TL Vanilleextrakt
60 ml Olivenöl oder zerlassene Butter
1 TL Salz
250 g Weizenmehl Type 405
2 EL Backpulver
Puderzucker zum Bestäuben

Für den Boden das Mehl mit dem Zucker und dem Salz in einer Schüssel mischen. Die kalte Butter in Würfel schneiden und zu dem Mehl geben. Etwas kaltes Wasser dazugeben und alles zu einem gebundenen Teig verkneten. Den Teig zu einer Kugel formen, diese in Frischhaltefolie wickeln und 30 Minuten im Kühlschrank ruhen lassen.

Den Backofen auf 190 °C vorheizen und das Gitter in die mittlere Schiene des Backofens schieben. Die Springform mit etwas Öl oder Butter einfetten und bei Bedarf mit Backpapier auskleiden. Den Teig aus dem Kühlschrank nehmen, auf der Arbeitsfläche ausrollen und in die Form drücken. Dabei einen 2–3 cm hohen Rand formen. Den Boden mit einer Gabel mehrmals einstechen. Den Boden zum Blindbacken mit Backpapier bedecken und die Hülsenfrüchte darauf verteilen. Den Tarteboden im vorgeheizten Backofen 15 Minuten hellbraun backen. Die Hülsenfrüchte und das Backpapier entfernen und den Tarteboden abkühlen lassen. Die Backofentemperatur auf 180 °C reduzieren.

Für die Füllung die Erdbeeren waschen, putzen und jede Erdbeere in drei möglichst gleich große Scheiben schneiden. Die schönsten Scheiben für die obere Schicht der Tarte beiseitelegen.

Die Eier in eine Schüssel schlagen, den Zucker hinzufügen und alles mit dem Handrührgerät schaumig schlagen. Die saure Sahne, die Vanille, das Olivenöl oder die Butter und das Salz hinzufügen und auf hoher Stufe verrühren. Das Mehl und das Backpulver in eine zweite Schüssel sieben, dann esslöffelweise in die schaumige Eiercreme mischen. Alles zu einer glatten Creme verrühren.

Den Tarteboden mit der Hälfte der Creme bestreichen. Mit der Backform auf die Arbeitsfläche klopfen, damit die Creme sich gleichmäßig verteilt. Darauf die Erdbeeren verteilen. Die restliche Creme auf die Erdbeeren streichen. Diese Cremeschicht mit den schönsten Erdbeeren belegen. Die Tarte im vorgeheizten Backofen etwa 25 Minuten backen. (Garprobe: Sticht man mit einem Holzstäbchen in die Tarte, dürfen keine Teigreste daran haften. Dann ist die Tarte gar.) Die Tarte aus dem Backofen nehmen und in der Form 10–20 Minuten auf einem Kuchengitter abkühlen lassen.

Die Tarte vor dem Servieren mit Puderzucker bestäuben. Im Winter können Sie die Tarte warm, im Sommer kalt servieren, und dazu eine Kugel Eis anrichten. Auf dem Foto Seite 269 ist die Tarte mit Schokoladeneis, Macarons (siehe Seite 276), Nusscreme-Sahne (siehe Seite 284) und etwas Raib (siehe Seite 54) angerichtet.

SFENJ

Für ca. 10 Stück

2 TL frische Hefe
1 TL Zucker
200 ml warmes Wasser
375 g Weizenmehl Type 405
1 TL Salz
750 ml neutrales Pflanzenöl zum Frittieren
Zucker und Honig zum Garnieren

Die Hefe mit dem Zucker in etwas lauwarmem Wasser auflösen.

Das Mehl in die Schüssel des Standmixers oder der Küchenmaschine sieben. Das Hefe-Zucker-Wasser hineinfließen lassen und auf niedriger Stufe verrühren. Vom restlichen warmen Wasser gerade so viel hinzufügen, dass ein klebriger, gebundener Teig entsteht. Das Salz hinzufügen und den Hefeteig auf mittlerer Stufe 10 Minuten kneten. Achtung: Er ist sehr klebrig. Die Schüssel mit einem feuchten Küchentuch bedecken und den Teig 1–3 Stunden bei Zimmertemperatur ruhen lassen, bis er sein Volumen verdoppelt hat.

Eine Schüssel mit kaltem Wasser bereitstellen. Die Hände in das Wasser tauchen und von dem Hefeteig ein Zehntel der Menge abnehmen. Dieses Teigstück zu einer Kugel formen und diese flach auseinanderziehen. In die Mitte ein Loch ziehen. Vor dem Formen des nächsten Donuts die Hände wieder in das kalte Wasser tauchen. Auf diese Weise 10 Donuts formen.

Das Öl in einem hohen Topf erhitzen.

Die Donuts nacheinander von jeder Seite 2–3 Minuten im heißen Öl goldbraun ausbacken, mit einem Schaumlöffel aus dem Topf heben und auf Küchenpapier abtropfen lassen. Mit Zucker bestreut oder mit Honig beträufelt servieren.

SCHOKOLADENTRUHE

Diese süße Schatzkiste steckt voller Überraschungen. Zu sehen ist unter anderem ein Schokoladen-Chip, ein mit Anissamen verziertes Schokoladenröllchen, ein Zitronen-Macaron, rosa Erdbeer-Baiser und ein Nougat-Sandwich mit Karamell.

Für ca. 15 Stück

Für den Schokoladen-Nougat

10 g Butter
100 g Maissirup
100 g flüssiger Honig
100 g Crème fraîche
50 g Weizenmehl Type 405
500 g blanchierte Mandelkerne
100 g dunkle Schokolade (mit 70 % Kakaoanteil)

Schokoladen-Nougat

Die Butter in einem Stieltopf zerlassen, in eine Schüssel geben und mit dem Maissirup und dem Honig verrühren. Die Crème fraîche hinzufügen und alles zu einer gebundenen Mischung verrühren. Das gesiebte Mehl portionsweise unterheben und alles zu einem glatten Teig verarbeiten. Die Mandeln grob hacken und unter den Teig heben.

Den Backofen auf 175 °C vorheizen.

Ein Backblech mit Backpapier auslegen und den Teig darauf verstreichen. (Alternativ den Teig in eine quadratische Kuchenform geben.) Diesen Nougat im vorgeheizten Backofen 15 Minuten backen, dann auf einem Kuchengitter abkühlen lassen und in die gewünschte Form schneiden.

Die dunkle Schokolade in Stücke brechen und über einem heißen Wasserbad oder in der Mikrowelle schmelzen lassen. Jedes Nougatstück zur Hälfte in die flüssige Schokolade tauchen. Auf einem Stück Küchenpapier trocknen lassen.

Für ca. 15 Stück

Für die Nougat-Schiffchen mit Erdbeeren

10 g Butter
100 g Maissirup
100 g Puderzucker
100 g Crème fraîche
50 g Weizenmehl Type 405
500 g geröstetet weiße Sesamsaat
100 g Erdbeeren

Nougat-Schiffchen mit Erdbeeren

Die Butter in einem Stieltopf zerlassen, in eine Schüssel geben und mit dem Maissirup und dem Puderzucker verrühren. Die Crème fraîche hinzufügen und alles zu einer gebundenen Mischung verrühren. Das gesiebte Mehl und die Sesamsaat portionsweise unterheben und alles zu einem glatten Teig verarbeiten.

Den Backofen auf 175 °C vorheizen.

Ein Backblech mit Backpapier bedecken und mit zwei Teelöffeln kleine Stücke Nougat auf das Backblech setzen. Im vorgeheizten Backofen 15 Minuten backen. Den Nougat auf einem Kuchengitter abkühlen lassen. Solange er noch formbar ist, mit dem Rücken eines Teelöffels eine Mulde in jede Oberfläche drücken.

Die Erdbeeren waschen, putzen und klein schneiden und vor dem Servieren in die Nougat-Schiffchen geben.

Für 6–8 Stäbchen

Für die Nougat-Sandwiches mit Karamell

10 g Butter
100 g Maissirup
100 g flüssiger Honig
100 g Crème fraîche
50 g Weizenmehl Type 405
50 g Kakaopulver
500 g Mandelkerne
200 g Karamell *

Nougat-Sandwiches mit Karamell

Die Butter in einem Stieltopf zerlassen, in eine Schüssel geben und mit dem Maissirup und dem Honig verrühren. Die Crème fraîche hinzufügen und alles zu einer gebundenen Mischung verrühren. Das Mehl mit dem Kakaopulver versieben, portionsweise unterheben und alles zu einem glatten Teig verarbeiten. Die Mandeln grob hacken und unter den Teig heben.

Den Backofen auf 175 °C vorheizen.

Ein Backblech mit Backpapier bedecken und den Teig daraufgeben. Den Teig zu einem Rechteck formen und im vorgeheizten Backofen 15 Minuten backen. Auf einem Kuchengitter abkühlen lassen.

Den gebackenen Teigboden in zwei gleich große Stücke schneiden. Den Karamell in einem kleinen Topf schmelzen lassen und den ersten Teigboden damit bestreichen. Die andere Hälfte darauflegen: So entsteht ein Nougat-Sandwich mit Karamellfüllung. Im Kühlschrank abkühlen lassen. Das Rechteck vor dem Servieren in Stäbchen schneiden.

* Sie können Karamell fertig kaufen oder selbst machen: Dazu 200 g Zucker in einem Stieltopf schmelzen lassen. Dabei nicht rühren, sondern den Topf hin- und herschwenken. 1 EL Essig dazugeben und im Karamell auflösen. Den Topf vom Herd nehmen und 125 g flüssige Sahne unterrühren. Den Topf zurück auf den Herd stellen und 1 TL Salz in den Karamell rühren.

Für ca. 6 Stück

Für das Rosa Erdbeer-Baiser

2 Eiweiß
1 Msp. Salz
90 g Zucker
½ EL Vanilleextrakt
1 TL Limettensaft
½ TL Essig
2 TL gefriergetrocknete Erdbeeren

Rosa Erdbeer-Baiser

Die Eiweiße und das Salz in eine fettfreie Metallschüssel geben und mit dem Handrührgerät steif schlagen. Nach und nach den Zucker einrieseln lassen und weiterrühren, bis er sich aufgelöst hat und ein sehr steifer Eischnee entstanden ist.

Den Vanilleextrakt in den Eischnee rühren. Den Limettensaft und den Essig vorsichtig unterziehen. Zum Schluss die gefriergetrockneten Erdbeeren mit einem Spatel vorsichtig unter das Baiser heben.

Den Backofen auf 150 °C vorheizen. Ein Backblech mit Backpapier bedecken und den Baiserschnee in sechs großen Tupfen auf das Blech geben. Alternativ den Baiserschnee in einen Spitzbeutel mit großer Lochtülle geben und sechs große Tupfen auf das Backblech spritzen. Die Baisers etwa 1 Stunde im vorgeheizten Backofen trocknen lassen. Zwischendurch kontrollieren, dass sie nicht braun werden, bei Bedarf die Temperatur reduzieren (jeder Backofen ist anders). Das Baiser muss an der Oberfläche trocken und innen noch schön feucht-cremig sein.

Für ca. 15 Stück

Für die Macaronschalen
210 g Puderzucker
100 g Mandelmehl
1 TL Salz
3 zimmerwarme Eiweiß
50 g Zucker
½ TL Vanilleextrakt

Für die Buttercremefüllung
250 g Butter
300 g Puderzucker
2 TL Vanilleextrakt
60 g flüssige Sahne
1 Bio-Zitrone oder -Orange

Außerdem
Spritzbeutel mit Lochtülle

Macarons
Den Puderzucker, das Mandelmehl und ½ TL Salz im Standmixer fein vermahlen. Diese Puderzucker-Mandel-Mischung in eine Schüssel sieben. Die Eiweiße und das restliche Salz (½ TL) in eine fettfreie Metallschüssel geben und mit dem Handrührgerät steif schlagen. Nach und nach den Zucker einrieseln lassen und weiterrühren, bis er sich aufgelöst hat und ein sehr steifer Eischnee entstanden ist.

Die Puderzucker-Mandelmehl-Mischung in drei Portionen hinzugeben und vorsichtig mit einem Spatel unter den Eischnee heben, bis eine gebundene Mischung entstanden ist. Erst dann die nächste Portion hineinrühren. Nach der letzten Portion Mehl den Teig weiterrühren, bis er so fest ist, dass man mit dem Spatel eine Acht in den Teig ziehen kann, ohne dass der Teig auseinanderläuft. Nicht zu lange rühren.

Den Macaron-Teig in den Spritzbeutel füllen. Auf ein mit Backpapier bedecktes Backblech im Abstand von 2 cm Tupfen mit einem Durchmesser von 3 cm aufspritzen. Mit dem Backblech fünfmal auf die Arbeitsfläche klopfen, damit sich die Luftbläschen im Teig auflösen. Die Macarons 30–60 Minuten bei Zimmertemperatur trocknen lassen.

Den Backofen auf 150 °C vorheizen. Die Macarons 17 Minuten backen, bis die Unterseite schön aufgegangen ist und nicht mehr am Backpapier klebt. Die Macarons auf einem Kuchengitter abkühlen lassen.

Buttercremefüllung
Für die Füllung die Butter mit dem Puderzucker in eine Schüssel geben und mit dem Handrührgerät 1–2 Minuten verrühren. Die Vanille und die Sahne dazugeben und alles glatt verrühren. Die Schale der Zitrone oder Orange hineinreiben und die Creme schön glatt rühren.

Statt des Zitronen- oder Orangenabriebs können Sie auch Instant-Kaffeepulver, Cassispüree oder ein anderes Aroma in die Buttercreme rühren.

Die Macarons füllen
Die Buttercreme in den Spritzbeutel füllen oder mit einem Löffel arbeiten. Die Hälfte der Macaronschalen mit je einer dünnen glatten Schicht Buttercreme bedecken und je eine zweite Macaronschale daraufsetzen.

Für Schokoladen-Macarons 4 EL Kakaopulver in den Teig sieben und erst dann die Puderzucker-Mandelmehl-Mischung hinzufügen.

SCHOKOLADENRÖLLCHEN

Für 12–15 Stück

250 g Weizenmehl Type 405
2 EL Sesamsaat
1 ½ EL Zucker
1 Msp. Salz
125 ml neutrales Pflanzenöl
50 g dunkle Schokolade (mit 70 % Kakaoanteil)
1 EL Anissamen

Den Backofen auf 175 °C vorheizen.

Das Mehl, die Sesamsaat, den Zucker und das Salz in einer Schüssel mischen. Das Öl dazugießen und alles zu einem gebundenen, weichen Teig verrühren. Aus dem Teig etwa 10–15 jeweils 10 cm lange bleistiftdicke Rollen formen. Die Teigrollen auf ein mit Backpapier bedecktes Backblech legen.

Die Teigrollen im vorgeheizten Backofen 15 Minuten backen, dann herausnehmen und auf einem Kuchengitter abkühlen lassen.

Die dunkle Schokolade in Stücke brechen und über dem Wasserbad oder in der Mikrowelle schmelzen lassen. Die Kekse hineintauchen und auf ein Stück Backpapier legen. Mit Anissamen bestreuen und trocknen lassen.

SCHOKOLADEN-CHIPS

6 mittelgroße festkochende Kartoffeln
4 TL Salz
2 TL Knoblauchpulver
1 ½ TL Selleriesalz
1 ½ TL frisch gemahlener schwarzer Pfeffer
neutrales Pflanzenöl zum Frittieren
250 g dunkle Schokolade (70% Kakaogehalt)
Chilipulver oder anderes Gewürz nach Belieben

Außerdem
große Schüssel Eiswasser
Kochthermometer

Die Kartoffeln schälen und mit einem Gemüsehobel oder mit einem scharfen Messer in sehr dünne Scheiben schneiden. Die Scheiben in die Schüssel mit Eiswasser und Salz legen und 30 Minuten einweichen lassen. Die Kartoffelscheiben in einem Durchschlag abtropfen lassen, auf Küchenpapier legen und trocken tupfen.

Das Knoblauchpulver, das Selleriesalz und den Pfeffer in einer kleinen Schüssel mischen. Beiseitestellen.

Das Öl in einem Wok oder in einer tiefen Pfanne auf 190 °C erhitzen. Die Kartoffelscheiben darin portionsweise 3–4 Minuten frittieren, bis sie goldbraun sind. Dabei immer wieder vorsichtig wenden. Die ausgebackenen Chips mit einem Schaumlöffel aus dem Topf heben und auf Küchenpapier verteilen. Mit der magischen Gewürzmischung bestreuen und abkühlen lassen.

Die Schokolade fein hacken. Etwa 70 g der gehackten Schokolade beiseitestellen. Die Schokolade in eine Metallschüssel geben und diese über ein heißes Wasserbad stellen. Dabei darauf achten, dass der Schüsselboden die Wasseroberfläche nicht berührt. Die Schokolade unter Rühren schmelzen lassen, bis sie flüssig ist. Die Schokolade auf 43 °C erwärmen, dabei die Temperatur mit dem Kochthermometer kontrollieren. Die Metallschüssel vom Wasserbad nehmen und die beiseitegestellte gehackte Schokolade einrühren, bis sie geschmolzen und alles auf 32 °C abgekühlt ist. (So habe ich es im »elBulli« gelernt.) Wenn man nun etwas Schokolade gegen die Lippen hält, fühlt sie sich kühl an.

Die Chips mit einer Pinzette oder Gabel nacheinander in die geschmolzene Schokolade tauchen. Die Chips zum Trocknen auf Backpapier legen. Mit etwas Salz, Chilipulver oder einem Gewürz nach Wahl bestreuen.

In einer fest verschlossenen Dose halten sich die Schokoladen-Chips im Kühlschrank 2 Tage.

SCHOKOLADEN-KARAMELL-TORTE

Für 1 Torte (12 Stücke)

Für den Teig
250 g Weizenmehl Type 405
1 ½ TL Natron
½ TL Salz
150 g dunkle Schokolade (mit 85 % Kakaoanteil)
2 EL Instant-Kaffeepulver
250 ml kochendes Wasser
180 g gesalzene Butter
250 g Zucker
150 g saure Sahne
3 Eier

Für die Karamell-Buttercreme
500 ml Wasser
400 g Zucker
500 ml flüssige Sahne
8 Eiweiß
1 TL Meersalz
500 g weiche Butter
2 EL Vanilleextrakt

Außerdem
Backform mit 22–24 cm Durchmesser
Kochthermometer

Den Backofen auf 170 °C vorheizen.

Die Backform mit Butter einfetten und den Boden mit Backpapier auskleiden. Mit Mehl bestäuben.

Für den Teig das Mehl, das Natron und das Salz in eine Schüssel sieben und vermischen.

Die Schokolade in eine Metallschüssel reiben und mit dem Instant-Kaffeepulver verrühren. Mit dem kochenden Wasser übergießen und das Gemisch glatt rühren. Die Schüsel beiseitestellen.

Die Butter mit dem Zucker in die Rührschüssel der Küchenmaschine geben und bei mittlerer Stufe cremig rühren. Die saure Sahne unterrühren. Dann die Eier einzeln untermischen. Mit dem Spatel am Rand der Schüssel entlangstreichen, damit sich alles gut vermischt. Die Küchenmaschine auf die niedrigste Stufe stellen. Das versiebte Mehl langsam in die schaumige Butter rühren. Anschließend den Kaffee-Schokoladen-Mix esslöffelweise in den Teig rühren und weiterrühren, bis ein gebundener Teig entstanden ist. Diesen weitere 3 Minuten auf niedriger Stufe rühren.

Den Teig in die vorbereitete Backform füllen und im vorgeheizten Backofen 20–25 Minuten backen. (Garprobe: Sticht man mit einem Holzstäbchen in den Teig, dürfen keine Teigreste daran haften. Dann ist der Tortenboden gar.) Den Tortenboden in der Form auf einem Kuchengitter abkühlen lassen.

Karamell-Buttercreme
Für die Karamell-Buttercreme das Wasser mit 300 g Zucker in einen Stieltopf geben und erhitzen – der Zucker schmilzt und es entsteht ein Sirup. Den Sirup stetig rühren, damit der Zucker nicht kristallisiert, und aufkochen. Der Sirup kocht ein und wird langsam braun. Dann den Topf vom Herd nehmen und die Sahne in den Sirup rühren. (Der Karamellsirup wirft vielleicht noch Bläschen, aber das ist nicht weiter schlimm.) Den Sahnekaramell mit einem Schneebesen gründlich umrühren, dann zum Abkühlen in eine Metallschüssel geben. Die Metallschüssel auf ein Eiswasserbad stellen, damit der Sahnekaramell weiter abkühlt.

Den restlichen Zucker (100 g), die Eiweiße und das Salz in den Sahnekaramell geben. Mit einem Schneebesen umrühren, bis der Zucker sich aufgelöst hat und die Temperatur der Creme auf 50 °C gesunken ist. Mit dem Kochthermometer kontrollieren. Den Sahnekaramell in die Schüssel der Küchenmaschine geben und auf mittlerer Stufe cremig rühren. Die Butter auf niedriger Stufe portionsweise ein-

Für die Haselnuss-Sahne
100 g eiskalte vegane Sahne
75 g Nussnougatcreme

Zum Garnieren
Rosenblätter
dunkle Schokoladentropfen

arbeiten, bis eine glatte, weiche Buttercreme entstanden ist. Den Schneebesen des Standmixers durch den Flachrührer ersetzen. Den Vanilleextrakt hinzufügen und die Creme weitere 8 Minuten rühren.

Die Buttercreme kann 2–3 Tage im Voraus zubereitet werden. Bis zur Verwendung in einem luftdicht verschlossenen Gefäß im Kühlschrank aufbewahren.

Haselnuss-Sahne
Die pflanzliche Sahne muss eiskalt sein. Die vegane Sahne mit dem Handrührgerät steif schlagen, dann die Nussnougatcreme unterziehen. Die Haselnuss-Sahne bis zum Servieren im Kühlschrank aufbewahren.

Fertigstellung
Den Tortenboden auf eine Lage Backpapier stürzen. Das Backpapier von der Unterseite abziehen. Einen passenden Tortenring über den Tortenboden stellen. Die Buttercreme auf den Boden streichen. Den bestrichenen Tortenboden mindestens 3 Stunden in den Kühlschrank stellen. Die Torte aus dem Ring lösen und nach Belieben verzieren. Wir verwendeten Rosenblütenblätter und dunkle Schokolade. Die Torte auf dem Foto haben wir mit einigen Nocken Haselnuss-Sahne und essbaren Blüten verziert.

CASSIS-PISTAZIEN-TÖRTCHEN

Für ca. 25 Stück

Für den Kuchenboden
100 g Haferflocken
120 g Quinoakörner
100 g getrocknete Cranberrys
60 g Pistazienkerne oder Mandelkerne
1 Handvoll getrocknete Feigen
30 g dunkle Schokolade (mit 70 % Kakaoanteil)
25 g Kokosflocken
2 EL Leinsamen
½ EL schwarze Sesamsaat
120 g Mandelbutter
7 EL flüssiger Honig oder Agavendicksaft
2 EL Olivenöl
1 Msp. Salz

Für das Cassis-Topping
250 g Cassis-Püree (oder Kirschpüree), tiefgekühlt
2 TL Rohrzucker
3 Blatt weiße Gelatine
750 ml Wasser
25 g Crème fraîche
1 TL Zitronensaft

Außerdem
runde Ausstechförmchen

Den Backofen auf 120 °C vorheizen.

Für den Kuchenboden die Haferflocken und die Quinoakörner auf einem Backblech oder in einer Auflaufform verteilen und im vorgeheizten Backofen in 7 Minuten goldbraun rösten. Aus dem Backofen nehmen und abkühlen lassen.

Die Cranberrys, die Kerne, die Feigen und die Schokolade fein hacken. Einige gehackte Pistazien oder Mandeln zum Garnieren beiseitelegen. Den Rest in eine Schüssel geben. Die gerösteten Haferflocken und die gerösteten Quinoakörner sowie die Kokosflocken, die Leinsamen und die Sesamsaat hinzufügen. Alles gründlich mischen.

Die Mandelbutter, den Honig und das Olivenöl in einen Stieltopf geben und bei mittlerer Temperatur erhitzen. Den Topfinhalt unter Rühren zum Kochen bringen und 1 Minute kochen lassen. Diese Mandelbutter-Mischung über den Haferflocken-Quinoa-Mix in der Schüssel geben und zu einem gebundenen Teig rühren.

Den Teig in eine rechteckige Backform mit hohem Rand füllen und gut andrücken – er sollte 3–5 cm dick sein. Den Teig im vorgeheizten Backofen 10–12 Minuten backen, bis der Teig braun wird und wie ein Energieriegel aussieht. Aus dem Backofen nehmen und abkühlen lassen.

Cassis-Topping
Das Cassis-Püree in einem Stieltopf bei geringer Temperatur schmelzen. Den Zucker unter Rühren darin auflösen. Bei Zimmertemperatur abkühlen lassen.

Die Gelatine 5 Minuten in reichlich kaltem Wasser einweichen, dann herausnehmen, ausdrücken und in das noch gut warme Cassis-Püree rühren. Gut umrühren, bis die Gelatine sich aufgelöst hat. Die Crème fraîche und den Zitronensaft hinzufügen und alles zu einer glatten Sauce verrühren.

Dieses Cassis-Topping auf dem abgekühlten Kuchenboden verteilen und im Kühlschrank fest werden lassen.

Fertigstellung
Aus dem Kuchenboden kleine Kreise ausstechen. Mit den gehackten Pistazien oder Mandeln garnieren.

SAHNECREME-RÖLLCHEN

Für ca. 24 Stück

Für das Gebäck
250 g Weizenmehl Type 405 plus etwas mehr zum Bestäuben
1 EL Zucker
1 Msp. Salz
2 EL kalte Butter
2 Eigelb
25 ml Apfelessig
1 TL Crema di Balsamico
1 Ei
1 l Rapsöl zum Frittieren
Puderzucker zum Bestäuben

Für die Füllung
100 g Puderzucker
1 ½ EL gemahlener Zimt
1 TL gemahlener Kardamom
1 Msp. Piment
60 g flüssige Sahne
500 g Jben (siehe Seite 51) oder Ricotta
40 g Schokoladen-Chips
2 Bio-Zitronen

Außerdem
Kochthermometer
Einwegspritze oder fester Plastikbeutel (Tiefkühlbeutel)
24 Cannoli-Förmchen (Metallröhrchen)

Für den Teig das Mehl, den Zucker und das Salz in eine Schüssel sieben. Die kalte Butter in kleine Würfel schneiden und über das versiebte Mehl geben. Alles mit den Fingern zu einem krümeligen Teig verarbeiten. Die Eigelbe, den Essig und die Crema di Balsamico dazugeben und alles zu einem kompakten Teig verkneten. Den Teig zu einer Kugel formen, diese in Frischhaltefolie (oder in ein feuchtes Küchentuch) wickeln und 30 Minuten im Kühlschrank ruhen lassen.

Für die Füllung den Puderzucker, den Zimt, den Kardamom und den Piment in eine Schüssel sieben und gut vermischen Die Sahne in eine Metallschüssel geben und mit dem Handrührgerät sehr steif schlagen. Den Jben bzw. die Ricotta portionsweise unter die Sahne heben. Die Puderzucker-Gewürz-Mischung und die Schokoladen-Chips dazugeben. Die Schale der Zitrone in die Schüssel reiben. Alles mit einem Spatel gut vermischen und die Füllung 45 Minuten im Kühlschrank fest werden lassen.

Das Ei verquirlen. Die Arbeitsfläche mit Mehl bestäuben. Den Teig aus dem Kühlschrank nehmen und 1–2 cm dick ausrollen. Aus dem Teig Kreise ausstechen, deren Durchmesser der Länge der Cannoli-Röhrchen entspricht. Jedes Metall-Röhrchen mit einem Teigkreis umwickeln und das Ende mit etwas verquirltem Ei zusammenkleben.

Das Rapsöl in einem hohen Topf auf 180 °C vorheizen. Die Temperatur mit dem Kochthermometer überprüfen. Die Cannolli portionsweise mit einer Zange in das Öl legen und jeweils 2–3 Sekunden frittieren. Vor dem Herausheben die Teigenden an das Röhrchen drücken, das erleichtert später das Lösen. Die Cannoli aus dem Öl heben und auf Küchenpapier abtropfen lassen. Die Metallröhrchen vorsichtig entfernen und die Cannolli abkühlen lassen.

Kurz vor dem Servieren die Füllung aus dem Kühlschrank nehmen und in einen Spritzbeutel oder in einen dickwandigen Frischhaltebeutel füllen. Vom Beutel unten eine Ecke abschneiden. Die Röllchen mit der Sahnecreme füllen. Besonders zauberhaft werden die gefüllten Röllchen mit einem feinen Hauch Puderzucker.

Statt der speziellen Cannoli-Fömchen können Sie zum Formen des Gebäcks auch andere Metallröhrchen oder dicke Holzstäbe verwenden.

KAAB EL GHAZAL

Für ca. 25 Stück

Für die Mandelfüllung
500 g Mandelkerne (naturbelassen, mit Haut)
275 g Zucker
1 Msp. gemahlener Zimt
1 Msp. gemahlene Muskatnuss
1–2 EL Orangenblütenwasser nach Belieben
50 ml Olivenöl

Für den Teig
375 g Weizenmehl plus etwas mehr zum Bestäuben
1 Msp. Salz
2 Eier
45 g Butter
1–2 EL Orangenblütenwasser nach Belieben
240 ml Olivenöl
1 Ei zum Bestreichen

Mandelfüllung
Für die Mandelfüllung die Mandeln in einen Stieltopf geben, mit Wasser bedecken und 10 Minuten kochen, dann abgießen und abkühlen lassen. Die Mandeln schälen und im Standmixer zu einer sehr feinen Paste vermahlen. (Wer sich diesen Arbeitschritt sparen will, verwendet blanchierte Mandelkerne. Diese können gleich zu der Paste verarbeitet werden.)

Die Mandelpaste mit dem Zucker, dem Zimt, der Muskatnuss, dem Orangenblütenwasser und dem Olivenöl in eine Schüssel geben und zu einer feuchten, gebundenen Masse verarbeiten. Diese abschmecken, bei Bedarf noch etwas Zucker, Orangenblütenwasser oder Gewürze untermischen. Eine kleine Portion von der Mandelpaste abnehmen. Daraus mit den Händen eine Rolle in der Größe des kleinen Fingers formen. Auf diese Weise die gesamte Mandelpaste zu Röllchen verarbeiten. Die Mandelröllchen (wenn es warm ist) im Kühlschrank aufbewahren.

Teig
Alle Zutaten in einer Schüssel zu einem weichen, gebundenen Teig verarbeiten. Den Teig 20 Minuten kneten, bis er geschmeidig und elastisch ist. In der Küchenmaschine dauert das etwa 5–10 Minuten. Den Teig anschließend in vier bis sechs Portionen teilen, mit Frischhaltefolie bedecken und mindestens 15 Minuten ruhen lassen.

Die Arbeitsfläche mit Mehl bestäuben. Eine Teigportion zu einer etwa 2 mm dicken Platte ausrollen. Aus dem Teig Kreise ausstechen, deren Durchmesser etwas größer als die Röllchen der Mandelfüllung ist. Zum Ausstechen ein Glas oder einen Metallausstecher verwenden.

Auf den ersten Teigkreis ein Röllchen Mandelfüllung geben. Den Teigkreis zu einem Halbkreis zusammenklappen und die Ränder fest andrücken. Den Halbkreis zu einer kleinen Sichel formen. Von ihrer Form haben die Kekse ihren Namen: Gazellhörnchen. Auf diese Weise etwa 25 Hörnchen formen und auf ein mit Backpapier bedecktes Backblech setzen. Die Hörnchen mindestens 1 Stunde ruhen lassen.

Den Backofen auf 180 °C vorheizen. Das Ei in einer kleinen Schale verquirlen und die Hörnchen damit bepinseln. Die Hörnchen im vorgeheizten Backofen in 12 Minuten leicht goldbraun backen. Auf einem Kuchengitter abkühlen lassen. Sie lassen sich in einer luftdicht verschlossenen Dose aufbewahren.

TEE

TEE

In Marokko verwenden wir frische Kräuter wie Minze oder Eisenkraut, aber auch Eukalyptus oder eingelegte Zitronen, um sie im Tee ziehen zu lassen. Am liebsten frisch, aber Sie können natürlich auch getrocknete Teeblätter verwenden.

Experimentieren Sie mit Ihren eigenen Kombinationen. Meine absoluten Favoriten sind Tee aus frischer Ingwerwurzel und Zitrone oder Eisenkrauttee mit Minze und Zitrone.

Minze

250 ml Wasser
7 g getrocknete grüne Teeblätter
10 g Zucker
10 g Minzezweige

Das Wasser im Wasserkocher oder im Topf erhitzen. Den grünen Tee in einen marokkanischen Teekessel geben und diesen auf den Herd stellen. Das heiße Wasser angießen und aufkochen lassen. Den Kessel vom Herd nehmen, sobald das Wasser an den Rändern sprudelt, und den Tee 5 Minuten ziehen lassen. Den Zucker hinzufügen. Den Tee mit den Minzezweigen umrühren, damit sich der Zucker gut auflöst. Die Zweige im Tee lassen.

Den Tee heiß trinken. Oder erkalten lassen, Eiswürfel hinzufügen und als Eistee genießen.

Ingwer

5 g frischer Ingwer
½ Bio-Zitrone
250 ml Wasser
1 TL flüssiger Honig (nach Belieben)

Den Ingwer schälen und in dünne Scheiben schneiden. Die Zitrone in Scheiben schneiden. Den marokkanischen Teekessel auf den Herd stellen. Das Wasser, den Ingwer und die Zitrone hineingeben. Das Wasser zum Kochen bringen. Den Kessel vom Herd nehmen, sobald das Wasser an den Rändern sprudelt, und den Tee 5 Minuten ziehen lassen.

Dieser Tee braucht keinen Zucker. Wer mag, süßt ihn mit 1 TL Honig.

Zitrone

250 ml Wasser
3 EL eingelegte Zitrone (siehe Seite 33)

Dieser Tee enthält dank der Flüssigkeit der eingelegten Zitronen reichlich Vitamine und schmeckt einfach großartig. Denn Vitamin C unterstützt die Entgiftung der Leber. Außerdem ist der Tee gut für die Verdauung.

Den marokkanischen Teekessel auf den Herd stellen. Das Wasser und die eingelegte Zitrone hineingeben. Das Wasser zum Kochen bringen. Den Kessel vom Herd nehmen, sobald das Wasser an den Rändern sprudelt, und den Tee 5 Minuten ziehen lassen.
Den Tee warm oder kalt trinken.

Zitronenverbene

200 ml Wasser
15 g Zitronenverbene (Verveine) oder 5 g getrocknete Zitronenverbeneblätter
Schale von 1 Bio-Zitrone, in Streifen geschnitten
1 EL Honig (nach Belieben)

Dieser Tee hilft bei Magenschmerzen, Fieber oder Erkältung. Auch bei Schlaflosigkeit und zur Entspannung wirkt er Wunder.

Den marokkanischen Teekessel auf den Herd stellen. Das Wasser, die Zitronenverbene und die Orangenschale hineingeben. Das Wasser zum Kochen bringen, bis es an den Rändern sprudelt. Den Tee 5 Minuten köcheln lassen, dann den Kessel vom Herd nehmen. Wenn Sie den Tee erst später trinken, die Zitronenverbene herausnehmen, damit der Tee nicht bitter wird.

Dieser Tee braucht keinen Zucker. Wer mag, süßt ihn mit 1 EL Honig.

Hibiskus-Ingwer

15 g Ingwer
250 ml Wasser
1 TL getrocknete Hibiskusblüten
1 EL Zucker (nach Belieben)

Den Ingwer schälen und in dünne Scheiben schneiden. Den marokkanischen Teekessel auf den Herd stellen. Das Wasser, den Ingwer und die Hibiskusblüten hineingeben. Das Wasser zum Kochen bringen, bis es an den Rändern sprudelt. Den Tee 5 Minuten köcheln lassen, dann den Kessel vom Herd nehmen.

Eventuell noch mit etwas Zucker süßen. Den Tee abkühlen lassen. Eiswürfel hinzufügen und den Tee kalt trinken.

Shiba-Tee

250 ml Wasser
15 g frisches oder 1 TL getrocknetes Wermutkraut
15 g frische oder 1 TL getrocknete Eukalyptuszweige
1 EL Honig (nach Belieben)

Dieser Tee mit Wermutkraut ist perfekt für den Winter: Er spendet wohltuende innere Wärme.

Den marokkanischen Teekessel auf den Herd stellen. Das Wasser und das Wermutkraut hineingeben. Das Wasser zum Kochen bringen. Den Kessel vom Herd nehmen, sobald das Wasser an den Rändern sprudelt. Mit den Zweigen den Tee umrühren.

Dieser Tee braucht keinen Zucker. Wer mag, süßt ihn mit 1 EL Honig.

REGISTER

A
Artischockenbrühe mit Fischleber 107
Artischockenpüree mit Safran 254
Aubergine, gedämpfte 255
Auberginen mit Chermoula 86

B
Baghrir 78
Bastilla, moderne 232
Bastilla, traditionelle 228
Bissara 96
Bissara, moderne, mit marinierter Makrele 99
Blumenkohl-Zalouk 85
Briwat und Bastillas 75
Brot
  Baghrir 78
  Briwat und Bastillas 75
  Harcha 67
  Mefrok 68
  Müslibrot 70
  Warka 73
  Warka-Wellen 77

C
Calamari vom Grill 173
Cassis-Pistazien-Törtchen 287
Cheeesecake mit eingelegter Zitrone 265
Chermoula 255
Chermoula-Kräutermix 20
Currypulver, schnelles 21

D
Desserts und Süßes
  Cassis-Pistazien-Törtchen 287
  Cheeesecake mit eingelegter Zitrone 265
  Erdbeertarte 267
  Kaab el Ghazal 291
  Sahnecreme-Röllchen 289
  Schokoladen-Chips 280
  Schokoladen-Karamell-Torte 283
  Schokoladentruhe 272
  Schokoldaen-Röllchen 278
  Sfenj 270

E
Eingelegte grüne Feigen 45
Eingelegte Gurken 37
Eingelegte Karotten 38
Eingelegte Pfirsiche 44
Eingelegte Radieschen 36
Eingelegte Sardellen 39
Eingelegte Tomaten mit Knoblauch 40
Eingelegte Zwiebeln 38
Eingelegtes Thunfischherz in schwarzer Tinte 187
Einmachen & Fermentieren
  Eingelegte grüne Feigen 45
  Eingelegte Gurken 37
  Eingelegte Karotten 38
  Eingelegte Pfirsiche 44
  Eingelegte Radieschen 36
  Eingelegte Sardellen 39
  Eingelegte Tomaten mit Knoblauch 40
  Eingelegte Zwiebeln 38
  Gezuckerte Tomaten 36
  Gezuckerte Zitronen 35
  In Essig marinierte Pilze 39
  Sonnengetrocknete Morcheln 43
  Zitronen im Salzbett 33
Ente, gebratene, mit schwarzer Auberginensauce und Mango-mousse 212
Entenleber mit Trüffel und Orangenmousse 217
Erbsenpüree mit Mandeln 254
Erdbeertarte 267

F
Feigen, eingelegte grüne 45
Fisch
  Calamari vom Grill 173
  Eingelegtes Thunfischherz in schwarzer Tinte 187
  Fisch aus dem Backofen 165
  Fisch-Tajine 144
  Fischfilet mit Venusmuscheln und Merguez 154
  Frittierte Sardellen 191
  Gedämpfter Pulpo 130
  Gefüllte Krabbe 143
  Gegrillte Sardinen 129
  Geräucherter Rogen 185
  Gesalzener und geräucherter Thunfisch 139
  Herzhafter Macaron mit Hai 181
  Hummer-Estragon-Päckchen 169
  Jakobsmuscheln 157
  Makrele in Escabeche 124
  Red Snapper mit Rote-Bete-Püree 170
  Rochenfilet mit konfiertem Lauch und Kapernäpfeln 177
  Sardinen in Chermoula 158
  Sepia in Tomaten-Paprika-Gazpacho 122
  Thunfisch mit Bakkoula 150
  Thunfischfilet mit korallenroter Sauce 147
Fisch aus dem Backofen 165
Fisch-Tajine 144
Fischfilet mit Venusmuscheln und Merguez 154
Fleisch
  Entenleber mit Trüffel und Orangenmousse 217
  Gebratene Ente mit schwarzer Auberginensauce und Mango-mousse 212
  Gebratenes Hähnchen mit Etrog und Blutorangen 222
  Gebratenes Hähnchen mit Schokoladensauce 200
  Getrocknetes Lammfleisch mit Ei 224
  Lammkeule mit Wachteleiern 224
  Marinierte Hochrippe 199
  Moderne Bastilla 232
  Najats Rezept für Frikadellen 234
  Rinderfilet mit rosa Sauce und Pilzen 209
  Rinderhaxe 197
  Rinderherz vom Grill 221
  Traditionelle Bastilla 228
Frikadellen, Najats Rezept für 234
Frittierte Sardellen 191

G
Gazpacho mit Morcheln 115
Gazpacho, grüner, mit Fisch 111
Gebratene Ente mit schwarzer Auberginensauce und Mango-mousse 212
Gebratenes Hähnchen mit Etrog und Blutorangen 222
Gebratenes Hähnchen mit Schokoladensauce 200
Gedämpfte Aubergine 255
Gedämpfter Pulpo 130
Gefüllte Krabbe 143
Gegrillte Sardinen 129
Gemüse & Beilagen
  Artischockenpüree mit Safran 254
  Chermoula 255
  Erbsenpüree mit Mandeln 254
  Gedämpfte Aubergine 255
  Geröstete Paprika 255
  Gerösteter Kürbis 242
  Grüne Mole 256
  Guacamole 256
  Karottenpüree mit Grapefruit 248
  Orangenmousse 257
  Püree von Roten Beten und schwarzen Oliven 254
  Schwarze oder gelbe Tuile 256
  Schwarzes Olivenpüree 255
  Sojasauce (Hoisinsauce) 256
  Süßkartoffel aus dem Backofen 239
  Zitronen-Orangen-Mousse 257
  Zitronenmousse 257
  Zucchini-Röllchen 255
Geräucherter Rogen 185
Geröstete Paprika 255
Gerösteter Kürbis 242
Gesalzener und geräucherter Thunfisch 139
Getrocknetes Lammfleisch mit Ei 224
Gezuckerte Tomaten 36
Gezuckerte Zitronen 35

Grüne Mole 256
Grüner Gazpacho mit Fisch 111
Guacamole 256
Gurken, eingelegte 37

H

Hähnchen, gebratenes, mit Etrog und Blutorangen 222
Hähnchen, gebratenes, mit Schokoladensauce 200
Hai, Herzhafter Macaron mit 181
Harcha 67
Harira 101
Harissa 21
Herzhafter Macaron mit Hai 181
Hibiskus-Ingwer-Tee 295
Hochrippe, marinierte 199
Hummer-Estragon-Päckchen 169

I

In Essig marinierte Pilze 39
Ingwer-Tee 294
Jakobsmuscheln 157

J

Jben 51

K

Kaab el Ghazal 291
Kalte Karotten-Orangen-Suppe 103
Karotten-Orangen-Suppe, kalte 103
Karotten, eingelegte 38
Karottenpüree mit Grapefruit 248
Kokos-Kürbis-Suppe 117
Krabbe, gefüllte 143
Kräuter & Gewürze
- Chermoula-Kräutermix 20
- Harissa 21
- Piment 20
- Ras el-Hanout 20
- Schnelles Currypulver 21

Kürbis, gerösteter 242

L

Lammfleisch, getrocknetes, mit Ei 224
Lammkeule mit Wachteleiern 224

M

Macaron, herzhafter, mit Hai 181
Makrele in Escabeche 124
Marinierte Hochrippe 199
Mefrok 68
Milchprodukte
- Jben 51
- Raib mit Himbeerkonfitüre 54

Minze-Tee 294
Moderne Bastilla 232
Moderne Bissara mit marinierter Makrele 99
Mole, grüne 256
Morcheln, sonnengetrocknete 43
Müslibrot 70

N

Najats Rezept für Frikadellen 234

O

Olivenpüree, schwarzes 255
Orangenmousse 257

P

Paprika, geröstete 255
Paprikasalat 88
Pfirsiche, eingelegte 44
Pilze, in Essig marinierte 39
Piment 20
Pulpo, gedämpfter 130
Püree von Roten Beten und schwarzen Oliven 254

R

Radieschen, eingelegte 36
Raib mit Himbeerkonfitüre 54
Ras el-Hanout 20
Red Snapper mit Rote-Bete-Püree 170
Rinderfilet mit rosa Sauce und Pilzen 209
Rinderhaxe 197
Rinderherz vom Grill 221
Rochenfilet mit konfiertem Lauch und Kapernäpfeln 177
Rogen, geräucherter 185

S

Sahnecreme-Röllchen 289
Salate
- Auberginen mit Chermoula 86
- Blumenkohl-Zalouk 85
- Paprikasalat 88
- Spinat 91
- Spinatnocken 91
- Zalouk 84
- Zitrus-Bete-Salat 82

Sardellen, eingelegte 39
Sardellen, frittierte 191
Sardinen in Chermoula 158
Sardinen, gegrillte 129
Schnelles Currypulver 21
Schokoladen-Chips 280
Schokoladen-Karamell-Torte 283
Schokoladentruhe 272
Schokolden-Röllchen 278
Schwarze oder gelbe Tuile 256
Schwarzes Olivenpüree 255
Sepia in Tomaten-Paprika-Gazpacho 122
Sfenj 270
Shiba-Tee 295
Sojasauce (Hoisinsauce) 256
Sonnengetrocknete Morcheln 43
Spinat 91
Spinatnocken 91
Suppen
- Artischockenbrühe mit Fischleber 107
- Bissara 96
- Gazpacho mit Morcheln 115
- Grüner Gazpacho mit Fisch 111
- Harira 101
- Kalte Karotten-Orangen-Suppe 103
- Kokos-Kürbis-Suppe 117
- Moderne Bissara mit marinierter Makrele 99
- Wassermelonen-Gazpacho 95

Süßkartoffel aus dem Backofen 239

T

Tee
- Hibiskus-Ingwer 295
- Ingwer 294
- Minze 294
- Shiba-Tee 295
- Zitrone 294
- Zitronenverbene 295

Thunfisch mit Bakkoula 150
Thunfisch, gesalzener und geräucherter 139
Thunfischfilet mit korallenroter Sauce 147
Thunfischherz, eingelegtes, in schwarzer Tinte 187
Tomaten, eingelegte, mit Knoblauch 40
Tomaten, gezuckerte 36
Traditionelle Bastilla 228
Tuile, schwarze oder gelbe 256

W

Warka 73
Warka-Wellen 77
Wassermelonen-Gazpacho 95

Z

Zalouk 84
Zitronen im Salzbett 33
Zitronen-Orangen-Mousse 257
Zitronen-Tee 294
Zitronen, gezuckerte 35
Zitronenmousse 257
Zitronenverbene-Tee 295
Zitrus-Bete-Salat 82
Zucchini-Röllchen 255
Zwiebeln, eingelegte 38

MADE IN ITALY
MADE IN ITALY
OURIKAGAZ

DIAMETRO 86 mm

DANK

Ermutige die, die sich zu träumen trauen und nicht aufgeben.

Ich bin nur ein einfaches Mädchen aus den Bergen, das einen Traum hatte – und ich hatte nie geglaubt, dass ich ihn jemals verwirklichen könnte. Wie unerreichbar Träume manchmal auch zu sein scheinen: Man muss fest an sich glauben. Machen Sie das Unmögliche wahr – wer fällt, aber aufsteht, wird ein Meister.

Ich bin immer dann am besten, wenn ich mir selbst treu bleibe und an außergewöhnlichen Projekten wie an diesem Buch mitarbeiten kann.

Aber ich habe es nicht allein geschafft.

Danke an alle Menschen, die mir die Hand gereicht haben. Danke an jeden Lehrer.
Danke an alle Meisterköche, die ich auf meiner Reise kennenlernen durfte,
vor allem Grant Achatz, René Redzepi, Thomas Keller, Ferran Adrià, Marc Veyrat,
Andoni Luis Aduriz und ganz besonders Anne-Sophie Pic.

Mein spezieller Danke geht an Paula Wolfert, für ihre Liebe zu Marokko.

Ich danke meinem treuen Team, allen Auszubildenden; den Männern und Frauen, die mir beistehen, um zusammen unseren Traum zu verwirklichen.

Danke auch an alle Menschen, die dieses Buch ermöglicht haben:
Charkes Accivatti, Fotograf Javier Peñas für seine fantastischen Fotos, Robert Jan van Noort, Eva Reinders, Marike den Brok, Febe van der Wardt und das ganze Team von Luitingh-Sijthoff. Ich danke auch Rahma und Mouden.

Dieses Buch ist all denen gewidmet, die ich liebe.

Und vor allem meinem Traum Nur.

Najat Kaanache

IMPRESSUM

Verantwortlich: Sonya Mayer
Übersetzung aus dem Niederländischen: Birgit van der Avoort
Redaktion der Rezepte: Dr. Regina Roßkopf
Satz: A flock of sheep, Marcus Taeschner
Korrektorat: Martin Thorn
Herstellung: Anna Katavic
Printed in Slovenia by Florjancic

Sind Sie mit diesem Titel zufrieden? Dann würden wir uns über Ihre Weiterempfehlung freuen. Erzählen Sie es im Freundeskreis, berichten Sie Ihrem Buchhändler oder bewerten Sie bei Onlinekauf. Und wenn Sie Kritik, Korrekturen, Aktualisierungen haben, freuen wir uns über Ihre Nachricht an: Christian Verlag, Postfach 40 02 09, D-80702 München oder per E-Mail an lektorat@verlagshaus.de

Unser Verlagsprogramm finden Sie unter

Alle Angaben dieses Werkes wurden von der Autorin sorgfältig recherchiert und auf den neuesten Stand gebracht sowie vom Verlag geprüft. Für die Richtigkeit der Angaben kann jedoch keine Haftung übernommen werden, weshalb die Nutzung auf eigene Gefahr erfolgt. Sollte dieses Werk Links auf Webseiten Dritter enthalten, so machen wir uns die Inhalte nicht zu eigen und übernehmen für die Inhalte keine Haftung.

In diesem Buch wird aus Gründen der besseren Lesbarkeit das generische Maskulinum verwendet. Weibliche und anderweitige Geschlechteridentitäten werden dabei ausdrücklich mitgemeint, soweit es für die Aussage erforderlich ist.

Die Deutsche Nationalbibliothek verzeichnet diese Publikation in der Deutschen Nationalbibliografie; detaillierte bibliografische Daten sind im Internet über http://dnb.d-nb.de abrufbar.

Die niederländische Originalausgabe mit dem Titel *Najat. 80 Kleurrijke Recepten En Verhalen Uit Magisch Marokko* erschien erstmals 2019 bei Uitgeverij Luitingh-Sijthoff B.V., Amsterdam

Fotografie: Javier Peñas
Erzählungen Najat: Liddie Austin
Coverdesign und Layoutdesign: Pankra

ISBN 978-3-95961-462-7